Federzeichnung von Michael Wolff

Für
Marge Alexander geb. Adams, Massachusetts, USA

1960 1970 1980 1990 2000

Herausgegeben von
Hanna Wolff

Umschlaggestaltung und Layout:
Monika Eiben

Gesamtherstellung, Verlag und Vertrieb:
Wirtschaftsverlag NW
Verlag für neue Wissenschaft GmbH
Bürgermeister-Smidt-Str. 74 – 76
27568 Bremerhaven
Tel.: 0471-94544-0
Fax: 0471-94544-88
Internet: www.nw-verlag.de
Email: vertrieb@nw-verlag.de

2. Auflage

ISBN 3-86509-335-3

1900 1910 1920 1930 1940

„MARTHA"

Geschichte einer Auswanderung

von

Hanna Wolff

1960 1970 1980 1990 2000

Die neunjährige Martha mit ihren Eltern

1917 – mein Vater auf Fronturlaub

Vorwort

„Schreiben hat etwas mit Liebe zu tun."

Dieses Zitat möchte ich für meine Auswanderergeschichte in Anspruch nehmen. Die Texte stehen darüber hinaus auch für einen Ausdruck von Dankbarkeit an meine siebzehn Jahre ältere Schwester Martha.

1906 wurde Martha – zu Kaiser Wilhelm II. Zeiten –
im alten Geestemünde geboren,

das erste Kind meiner Eltern. Ein schlichtes, bürgerliches Familienleben, in dem der Vater arbeiten ging, die Mutter im Hause wirkte, prägte ihre ersten Kinderjahre.

1907 wurde mein Bruder Walter,
1909 Lieselotte, eine Schwester, geboren.
1915 starben beide an Diphtherie.

Mein Vater, seit Ausbruch des 1. Weltkrieges 1914 Soldat in Frankreich, soll während des kurzen Fronturlaubs gesagt haben: „Es ist mir nicht schwer gefallen, in den Krieg zu ziehen, aber es geht fast über meine Kraft, unsere zwei Kinder zum Friedhof zu bringen." Meine Mutter und Martha verband der schmerzliche Verlust besonders innig, und bis mein Vater 1918 aus dem verlorenen Krieg zurückkam, hatten Mutter und Tochter drei schwere Jahre durchlebt.

1920 verließ Martha vierzehnjährig die Schule
und ging als Kindermädchen „in Stellung".
1920 wurde meine Schwester Käthe geboren.
1923 kam ich, Hanna, zur Welt.

Es war die Zeit der Inflation und der wirtschaftlichen Nachkriegsnot in Deutschland. Nach diesem Weltkrieg war der Briefwechsel zwischen den vor Zeiten ausgewanderten Schwestern meines Vaters und unserer Familie wieder aufgenommen, und es standen für die junge Martha verlockende Worte in der Überseepost.

Damit beginnt meine Erzählung.

Martha mit ihrer Cousine

Martha mit Martha Langehenning, die vor ihr auswanderte (1918)

„Nach drüben“ – Marthas Gedanken gehen immer mehr in Richtung Amerika

Anfang des Jahres 1923 verlagerte sich das Interesse der sechzehnjährigen Martha beim Lesen der Nordwestdeutschen Zeitung auf die Rubriken Schifffahrt, Agenturmeldungen des Norddeutschen Lloyd (NDL), Seewetterberichte, Ankunft und Abfahrt der Überseedampfer, Dollarkurse und auf allgemeine Berichte „von drüben“.
Sie sammelte eifrig. Auf ihre aus zwei Pappen gefertigte Mappe klebte sie – mit Mehlkleister – eine Werbepostkarte vom NDL und schrieb: Eigentum von Martha Hüner. In dieser Mappe befand sich auch die gesamte Post von den Tanten Käthe und Johanne aus Amerika, Vaters Schwestern, die Anfang 1900 mit ihren Männern ausgewandert waren. Haus und Hof und eine Sandkuhle zwischen Loxstedt und Düring hatten sie verkauft, um in Amerika ein neues Leben zu beginnen. Wenn man der Familiengeschichte Glauben schenken kann, verstanden sich diese Tanten in der Neuen Welt gut mit den benachbarten Indianern. Die beiden Schwestern sollen mit ihren Heilkräuterkenntnissen erfolgreich gewirkt und von den Indianern Land erhalten haben. Diese Grundstücke im Umfeld von New York wurden später zu Bauland und brachten viel Geld – Auswandererstory oder Wahrheit?
Jedenfalls schrieben die Tanten zur Zeit der wirtschaftlichen Not nach dem Ersten Weltkrieg an ihre Brüder in Deutschland, dass sie den Nichten eine Auswanderung bezahlen würden. Deutsche Mädchen waren zu der Zeit in den Staaten als Hausgehilfinnen sehr gesucht. Die Neffen sollten besser in Deutschland bleiben, um die Wirtschaft wieder aufzubauen. So schrieb Tante Käthe.

Drei Cousinen waren bereits „drüben“, als Martha an einem Sommerabend des Jahres 1923 zur Mutter sagte: „Ich möchte auch nach Amerika.“ Der Satz fiel während des Wäschereckens. Meine Mutter setzte sich erst einmal auf die Torfkiste neben dem Küchenherd. Sie legte die Wäschezipfel auf den Schoß. „Do mi dat nich an, lat mi nich in Stich!“ Hilflos rettete sie sich ins Plattdeutsche.

9.1.23

Schiffahrt.

Norddeutscher Lloyd.

D. **Westfalen**, 3. 1., 8 Uhr abends. von Ymuiden nach Hamburg. — D. **President Roosevelt** (U.S.L.), 30. 12., 2 Uhr nachm., von Neuyork

Dampfschiffahrtsgesellschaft „Neptun".

... von Bilbao nach Santander. — D.
D. **Ajax**, 3. 1. von Riga ...
Castor, 3. 1. in Danzig. — D. **Elin**, 3. 1. von Riga nach Memel. — D. **Fortuna**, 3. 1. in Köln. — D. **Ju-piter**, 2. 1. von Hernösand nach Bremen. — D. **Na-jade**, 2. 1. von Lissabon nach Antwerpen. — D.

Martha verfolgte mit Interesse die Schiffsbewegungen von und nach New York

Dieses Foto begleitete den Brief vom August 1923

„Wat schall ick ohne di anfangen?"
„Bitte Mutter, nur für drei Jahre." Martha war gerade siebzehn geworden und wegen der zwei kleinen Schwestern von dreiviertel und drei Jahren der Mutter eine große Hilfe. Tagsüber ging sie seit ihrer Schulentlassung bei der in der Nähe wohnenden Familie eines Zimmermannmeisters „in Stellung", war Kindermädchen und Haushaltshilfe zugleich. Ihre sparsame Chefin schickte Martha zum Mittagessen nach Hause. Danach lief die Arbeit bis zum Abend weiter.

Im Sommer 1923 hatte die Inflation ihren Höhepunkt erreicht: 4,2 Billionen Mark waren einen Dollar wert. Marthas kleiner Monatslohn ging in die Millionen, aber er reichte nicht einmal für ein Stück Seife aus dem Schaufenster eines Friseurladens, an dem sie täglich vorbeiging. Es trug die für ein junges Mädchen verlockende Werbung: „Mehr als Seife – ein Schönheitsmittel".

Als mein Vater an jenem Sommerabend später von der Arbeit kam, wurde auch ihm Marthas Wunsch vorgetragen. Helfen wolle sie in dieser Notzeit der Familie, einige Jahre arbeiten, um Dollar nach Hause schicken zu können. „Verseuk dien Glück!" Der Vater sah die Tochter bei seinen Schwestern „drüben" in guter Obhut. Daraufhin schrieb Martha an Tante Käthe in New York-Hoboken. Sie sei nun schon siebzehn geworden, seit zwei Jahren „in Stellung" als Kinder- und Hausmädchen. Diese Arbeit würde sie auch gerne in Amerika beginnen, bat um Geld für die Überfahrt und um die Bürgschaft.

Aus Marthas Sammelmappe

Wer nimmt ein jg. Mädchen mit ins Ausland?
Amerika bevorzugt. Bin 24 Jahre alt, im Haushalt erfahren, kann kochen und gut nähen, intelligent und unabhängig. Reisepaß vorhanden. Evtl. auch Stellg in Bremerhaven. Angeb. unter H. R. J. 200 Postlagernd Varel i. Oldenbg.

Das Paradies der Frauen.

Von
Clara Ratzka.

Wenn man durch die NewYorker Straßen geht, die Restaurants, die „Moving-Pictures“ (Kinos) oder Baudevilles besucht, dann sieht man Frauen, Frauen, Frauen. Man kann auch „Mädchen“ sagen. Alle fast luxuriös gekleidet, alle gepflegt, alle offenbar sorglos. Das sind die unendlich vielen weiblichen Angestellten, alles hauptsächlich Frauen, die beruflich tätig sind, und zwar nicht in höheren Berufen. Es ist hier selbstverständlich, dass die Mädchen einen Beruf ergreifen, und das ist meist der Wunsch der Mädchen selbst, bei denen ein Begriff obenan steht: Unabhängig zu sein. Man kann das verstehen.

Aber zu welchem Zweck sind sie unabhängig? Was für ein Erstreben erfüllt die vielen jungen und älteren weiblichen Wesen? Sie wollen sich so elegant wie nur möglich kleiden. Ich habe viele Erkundigungen eingeholt, und immer hörte ich dasselbe, und was man täglich sieht, beweist es. Dieses große Heer weiblicher Angestellter trägt meistens seidene Strümpfe und feines, zierliches Schuhzeug, Pelzmäntel und kokette Hütchen. Vor allem haben die NewYorker Frauen aller Stände eine bestimmte Haartracht angenommen, die an die Haartracht wilder Stämme gemahnt – und die weiblichen Angestellten zeichnen sich besonders dadurch aus: Sie tragen „bobbed hair“, d. h. sie haben das, was wir etwa einen Pagenkopf nennen, doch das Haar wird nicht glatt getragen, sondern es steht, zu Dauerlocken präpariert, weit und buschig vom Kopfe ab. Sehr negerähnlich.

Dazu werden dann allgemein fantastische, oft bis zu den Schultern herabhängende Ohrringe getragen. Die Gesichter sind allesamt so stark geschminkt, gepudert, gestrichen – die Lippen dunkelrot –, dass ein solches Mädchen in einer deutschen Stadt für eine Dirne gehalten würde, zumal die NewYorkerinnen sich ungemein auffallend kleiden.

Die Kleidung, das ist ein Kapital! Die Läden der Fifth Avenue müssten eigentlich vor schwerem Luxus versinken. Doch hier kaufen die zu Fuß wandelnden Frauen und Mädchen ja nicht. Ich greife die Warenhäuser heraus: Altmann, Wannemaker, Macy und Hearn. Keines entspricht dem Berliner Wertheim, keines ist so groß und umfassend wie Wertheim, keines auch nur annähernd so schön wie die Messel-Front am Potsdamer Platz. Doch in den inneren Räumen, in der Ausstattung stehen Altmann und Wannemaker (das eigene Zugänge zur Untergrundbahn hat, selbstverständlich hell erleuchtet und mit Schaufenstern) weit über Berlin. Der Lunch- und Teeraum bei Wannemaker sind feine Restaurants mit Musik und sehr gepflegter Küche. Hearn ist absolut volkstümlich, doch Macy ist Berliner großen Kaufhäusern ähnlich. Das Sehenswerteste bei Macy ist nun die Lunchzeit. Eine unabsehbare Schar krausköpfiger junger Mädchen ergießt sich in die Räumlichkeiten, in denen man sich hübsch machen kann. Das „Banity Café“ wird geöffnet und das große erneute Malen beginnt (Abends muss es eine dicke Schicht sein!). Das Haar wird von unten herauf in Strahlen vom Kopf abstehend gekämmt, und dann geht es zum nächsten Lunchrestaurant. Doch auch in Restaurants hört das Putzen, Schminken und Pudern nicht auf. Es ist eine legale, öffentlich betriebene Beschäftigung. Die Scharen der weiblichen und männlichen Angestellten, die zum Lunch gehen, verdunkeln in der Gegend der Wall Street, wo die Geschäftshäuser vierzig, fünfzig und mehr Stock hinaufklettern, sozusagen die Straßen. Meistens ergießen sie sich in Lokale mit Selbstbedienung, außerordentlich verfeinerte Alchinger alter Art, in denen sie vorzüglich für 50 Cents speisen. Um es selbst einmal zu versuchen, ging ich wahllos in ein derartiges Restaurant, für 60 Cents erhielt ich eine grüne Erbsensuppe, Putenbraten mit Eis, Kaffee und Apfelkuchen. Es war viel zu reichlich und gut zubereitet.

So ist es aber ganz selbstverständlich, dass den Angestellten sehr viel Geld für die Kleidung bleibt. Dreißig bis fünfzig Dollar die Woche ist durchaus keine hohe Einnahme. Hübsche Schuhe – Schuhzeug ist das einzige Gebiet, auf dem die Amerikaner uns überlegen sind –, hübsche Schuhe kann man schon für fünf Dollar haben, seidene Strümpfe: ein Dollar fünfzig Cents, seidene, natürlich rosa Wäsche, guter Seidentrikot, ein reizendes Hemdchen für drei Dollar, Höschen für zwei Dollar, Kleider von zehn Dollar aufwärts, Hüte fünf Dollar, Mäntel von zwanzig Dollar aufwärts. Alles, was ich hier aufzähle, ist an Qualität dem weit überlegen, was man durchschnittlich in Deutschland kauft.

Diese derartig verwöhnten Mädchen denken gar nicht daran, mit der Heirat ihren Beruf aufzugeben. Man mietet eine kleine, möblierte Wohnung mit „kitchenet", das eigentlich nur eine Kochgelegenheit ist. Man kocht nicht zu Hause, nur morgens den Kaffee und abends bisweilen den Tee. Mann und Frau leben ganz wie sonst auch. Nur am Abend holt die Frau nach Geschäftsschluss rasch das fertige kalte Abendbrot aus dem Delikatessen-Geschäft. Und ist dann die Mahlzeit vorüber, so spült der Mann auf, die Frau manikürt ihre Nägel, und dann gehen beide in ein Kino oder in eine Baudeville. Es gibt deren unzählige, die zum Teil sehr gut sind, natürlich gibt es auch ganz minderwertige.

Für ein Kindchen ist nicht Raum, noch Zeit, noch Luft. Natürlich, man bekommt es schließlich doch und hat es dann gewiss auch sehr lieb; doch zunächst möchte man doch recht unabhängig weiterleben und dann – mehr als zwei? Nein, nein! Die Bevölkerung wächst durch Zuwanderung. – Ist aber so ein Kindchen da, ist es üblich, dass der Vater auch die Kindmagd macht, und er macht es recht geschickt.

Die NewYorker Frauen können zu jeder Zeit unbehelligt über die Straßen gehen, und wenn sie noch so verwegen aussehen. Wer ein Mädchen oder eine Frau anspricht, wird arretiert. Ein Kenner sagte mir: Zunächst werden ihm dann vom Schutzmann mehrere Zähne eingeschlagen. Sicher ist aber, dass er auf etwa einen Monat eingesperrt und zu schwerer Arbeit verurteilt wird.

Natürlich gibt es auch in NewYork Mädchen jener Art, die sich ansprechen lassen. Wo sie sind und wie man sie erkennt, das weiß ich noch nicht. Auf den Straßen fallen sie nicht auf. Vielleicht ist es auch um der Frauen willen, dass die Männer, von dem Augenblick an, indem sie ein Verkehrsmittel benutzen, ja, indem sie auch nur die Treppe zur Untergrundbahn betreten, nicht rauchen dürfen. Sie tun es wirklich nicht. Hohe Strafen stehen vor allem auf „spitting on the floor" irgendeines Verkehrsmittels. Man kann angeschlagen sehen, dass bis zu 500 Dollar Strafe oder ein Jahr Gefängnis darauf steht – oder auch beides! Als ich das las, musste ich sofort an die Italiener denken. Ich kann mir nicht vorstellen, wie Italiener in einem solchen Lande überhaupt leben können, ist doch das hier streng Verbotene für sie eine bis zur Virtuosität geübte Zunft und offenbar Lebensbedürfnis.

Die Frauen haben ihre Klubs und Sportvereine, und nirgendwo sah ich soviel Frauen reiten, wie im New Yorker Central-Park. Sie reiten allesamt im Herrensitz, tragen Breeches, hohe Stiefel, einen langen Gehrock, unten glockig geschnitten, und einen steifen Herrenhut auf dem Lockenhaupt. (Manche lassen diese Locken flattern.) In diesem sehr kleidsamen und absolut ästhetisch wirkenden Anzug gehen sie nachher in irgendein Lokal zum Lunch und ungehindert, nicht einmal beachtet, über jede Straße, die ihnen gerade passt. Ein einziges Mal sah ich eine Dame nach alter Art schräg auf dem Pferde hocken. Es wirkte komisch und fiel auf.

Von den Frauen und Töchtern aus der Fifth Avenue und der Riverside Drive will ich nicht berichten. Sie sind, nach allem, was man von ihnen sieht und hört, die verwöhntesten und anspruchsvollsten Götzenbilder unter der Sonne, Stolz und Schmuck des Vaters oder Gatten.

Bezeichnend für die Stellung der Frau ist, dass NewYork eine Sensation ist, weil im größten Lichtspielhaus, dem Capitol, ein Film gezeigt wird, in dem zum ersten Mal die Frau nicht nur verherrlicht wird, sondern in dem zwei Frauen, die Gattin eines Fabrikbesitzers und die eines sei-

ner Arbeiter, auf ziemlich drastische Art von ihrer Vergnügungs- und zumal Verschwendungssucht geheilt werden. Doch das sind Frauen, die sich von ihren Männern ernähren lassen. „Brothers under the skin“ betont der Film. Dem Verhalten der Männer nach zu schließen, die sich diese „moving pictures“ ansehen, muss es eine Anzahl solcher „Brüder unter der Haut“ geben.
Unwillkürlich muss man sich fragen: Ist New York nun wirklich das Paradies der Frauen? Sind die Frauen hier glücklicher als anderswo? Ich glaube nicht. Es ist meine feste Überzeugung – und ich beobachte, immer und überall –, dass den Amerikanern die wirkliche hinreißende Wärme und Tiefe des Gemüts fehlt, und danach fehlt ihnen die Voraussetzung zu dem, was wir unter wahrer Liebe verstehen. Das Beglückendste im Frauenleben aber ist die Liebe. Liebe ist ihr eigentliches Recht.
Gewiss, die amerikanischen Frauen tragen durchschnittlich nicht die Bürde der häuslichen Arbeit, sie sind gepflegter und sie kleiden sich viel luxuriöser als deutsche Frauen und Mädchen; doch es ist sicher, dass die Berliner Mädel, so wie sie vor der Zeit der „befreienden“ Revolution waren, viel, sehr viel mehr Glück kannten, als die verwöhnten NewYorkerinnen. Wer es gesehen hat, wie sie sonntags im frisch geplätteten Kleid, mit selbst gebackenem Kuchen im Paketchen, mit ihren Freunden an irgendeinen der vielen schönen Seen zogen, oder lagerten, spielten und sangen, und mit welcher Hingabe sie nachher in irgendeinem einfachen Gartenlokal tanzten, der kann nur sagen: Lasst euch nicht durch neuen Dielen-, Bar-, Likörstuben- und anderen Dunst verfälschen. Bleibt die frischen, tüchtigen und einfachen Mädchen, die ihr wart. Ihr seid glücklicher als die aufgeputzten, kalten Puppen.

19.2.1923

Lehe.

* **Spende aus Amerika.** Von Oberbürgermeister Dr. Schönewald wird uns mitgeteilt: Der Präsident des „Amt Leher Klub“ von Neuyork, Herr Hermann Bremer, hat mir im Auftrage dieses Klubs, sowie des „Plattdütschen Volks-Fest-Vereens“ von Neuyork die Summe von 75 Dollar (rund 600 000 M) mit den besten Wünschen für „unsere liebe Vaterstadt und in der festen Zuversicht, daß unser Deutschland nie untergehen wird“ übersandt. Die Summe, die zu zwei Dritteln vom „Volks-Fest-Vereen“ und einem Drittel vom „Amt Leher Klub“ gezeichnet ist, soll zu je 25 Dollar dem Armenhaus (Versorgungsheim), dem Kinderheim und dem Säuglingsheim des Vaterländischen Frauenvereins in Lehe zugeteilt werden. Es ist mir eine besondere Freude, diese Zuwendungen, die für die Liebe der Spender zu ihrem alten Vaterlande und ihrer Vaterstadt und ihr Verständnis für die Not unserer Mitbürger ein beredtes Zeugnis ablegen, anzunehmen und ihrem Zwecke zuzuführen. Namens der bedachten Organisationen spreche ich den hochherzigen Spendern, die bereits im vergangenen Jahre in unserer Stadt durch zahlreiche Spenden viel Gutes getan haben, für diese abermalige reiche Zuwendung auch öffentlich den wärmsten Dank aus.

* **Vaterländischer Frauenverein.** Von der Vorsitzenden des Vaterländischen Frauenvereins wird uns geschrieben: Zu Weihnachten sind dem Verein von den verschiedensten Seiten größere und kleinere Spenden zugeflossen. All denen, die durch ihre Gaben mit dazu beigetragen haben, daß den Kindern im Kinderheim an der Marktstraße und im Säuglingsheim der Gabentisch etwas reicher gedeckt und mancher Bedürftige zu Weihnachten erfreut werden konnte, sei für ihre Gaben herzlich gedankt.

* **Landeskulturbehörden.** Aus verschiedenen Eingaben von Behörden und Privatleuten geht hervor, daß in diesen Kreisen noch immer nicht genügend bekannt ist, daß durch das Gesetz vom 3. Juni 1919 (G. S. S. 101) an Stelle der ehemaligen Generalkommissionen und Spezialkommissionen die Landeskulturämter getreten sind. Gleichzeitig ist mit dieser Aenderung ein großer Teil der Arbeiten der früheren Generalkommissionen den Kulturämtern übertragen worden. Jede Eingabe ist deshalb zur Vermeidung von Schreibgebühren und Portokosten stets dem zuständigen Kulturamte vorzulegen. Für die Kreise Lehe, Geestemünde, Hadeln und Neuhaus a. d. Oste ist das Kulturamt in Lehe zuständig.

und Verlag: Nordwestdeutsche Zei-
G. m. b. H.. Bremerhaven-Lehe-Geestemünde.
ung: Verlagsdirektor J. Titzen, Bremer-
— Hauptschriftleitung: Wilhelm Georg,
haven. — Verantwortlich für Politik: Wilhelm
n, Bremerhaven; für den örtlichen und pro-
n Teil, sowie für Kunst, Wissenschaft und den
ltungsteil: Max Plewka, Bremerhaven;
übrigen textlichen Inhalt: August Lähn,
haven; für den Anzeigenteil: Hermann Dö-
Geestemünde.

Ihr Englischunterricht, so wurde noch im Brief erwähnt, fände einmal in der Woche abends statt, zusammen mit mehreren jungen Leuten, die ebenfalls „rüber" wollten.

Übrigens ist überliefert, dass Martha einmal für das Geld der Englischstunde heimlich mit ihrem Freund Friedrich in die Edison-Lichtspiele ging, wo es den spannenden Stummfilm „Der schlummernde Vulkan" gab. Friedrich wollte später nach Amerika folgen und Martha dann zum „Kintopp" einladen.

Die von den Eltern befürchtete, von Martha erhoffte Antwort blieb zunächst aus.

Trotzdem erledigte sie mit einer Gruppe reisefreudiger junger Leute aus der Nachbarschaft in Bremen bei der amerikanischen Botschaft und bei der Lloydagentur die ersten Formalitäten. Die Zahl der Auswanderungswilligen war nach Kriegsende wegen großer Arbeitslosigkeit und der Inflation sehr hoch. Dagegen hatten die USA 1921 in einem Gesetz Einwanderungsquoten bestimmt. 1923 waren 68.000 deutsche Einwanderer zugelassen. Eine geringe Zahl, wenn man bedenkt, dass 1913, ein Jahr vor dem Ersten Weltkrieg, der NDL von 240.000 Auswanderern alleine über seine Agenturen 230.000 beförderte. Der Nordatlantik-Verkehr unter deutscher Flagge wurde erst 1922 mit dem Dampfer „Seydlitz" – 7.942 Bruttoregistertonnen (BRT) groß – zwischen Bremerhaven und New York wieder eröffnet.

Inflation in Deutschland

Steingut		Haushalt	
Seifen- u. Zahnbürstenschalen	195.-	Kaffeesieb	95.-
Kaffeebecher	350.-	Handbürste	195.-
Teller	425.-	Müllschaufeln	235.-
Saucieren	550.-	Schrubber	650.-
Bratenplatten	595.-	Handfeger	675.-
Nachtgeschirre	1375.-	Kochtöpfe, 26 cm	1275.-
Wasserkannen	2500.-	Löffelblech	2750.-
Schüsseln, Satz, 6 Stück	3950.-	Wasserkessel	2775.-
Waschbecken	4000.-	Kaffeemühlen	2950.-
Küchengarnituren	14500.-	Sand-Seife-Soda-Garnituren	3450.-

Am 20. 10. 1923 war der Billionenspuk vorbei, die Rentenmark wurde eingeführt.

Marthas Elternhaus in der Raabestraße 22 in Geestemünde, am 18. 9. 1944 ausgebrannt

Endlich und ohne Ankündigung lag Mitte November ein dicker Brief aus Amerika im Kasten: Bürgschaftspapier, Fahrkarte für den 10. Dezember 1923 mit der „München" und ein Scheck von 200 Dollar für Unkosten auf dem Schiff und als Kleidergeld. Neue Textilien mussten einmal gewaschen sein.

Die gute Gemeinschaft in dem Acht-Familien-Haus nahm teil. Es war Winterzeit und kalt. Man lebte sparsam in den Wohnküchen. Dort wurde die Wärme der Herde genutzt. Die neue Reisewäsche musste schnell noch gewaschen und in der Nacht über den acht Küchenherden getrocknet werden. Dazu verteilte Mutter je Haushalt 4 Briketts. So war es wirklich – damals.

Es war die Zeit der auslaufenden Inflation. Ab November 1923 stabilisierte sich die Wirtschaft ganz allmählich mit der Einführung der Rentenmark. Martha bekam ihren ersten neuen Mantel nach dem Krieg, eine erste Handtasche und natürlich einen Hut. Mit 17 Jahren, bereit zur Überfahrt, entstand ein letztes Foto am 26. November 1923 im Atelier K. Philipp, Bremerhaven.

26. November 1923:
die 17-jährige Martha kurz vor ihrer Abreise nach „drüben"

Der Abschied und die Überfahrt mit der „München“

Während Martha den Koffer packte, legte meine Mutter ihre eigene, schöne Gemme als Talisman zwischen die Kleidungsstücke. Vater gab seine vom elterlichen Bauernhof in die Stadt mitgenommene Pferdebürste her und sagte: „De nimm du man mit. Ick krieg in Bremerhaben doch keen Perd mehr. Gewiß heiratst du in Amerika 'n Cowboy. So'n goode, handmakte Kadetsche hätt de nich in sien Stall.“ Beides, die Gemme und die Pferdebürste, begleitete Martha auf allen Stationen ihres wechselvollen Lebens in den USA. Sie befanden sich wieder in ihrem Koffer, als sie 1985 – nach 62 Jahren – endgültig in ihre Heimatstadt Bremerhaven zurückkehrte.

Noch aber sehen wir den gepackten Koffer vor der Abreise 1923 in der Geestemünder Wohnung stehen, während Verwandte, Freundinnen und Nachbarn ein und aus gingen. Adressen von Angehörigen, Briefe und Päckchen für „drüben“ wurden mitgegeben. Auch Martha erhielt kleine Andenken – und an guten Ratschlägen für die Reisende soll es nicht gefehlt haben.

Am 10. Dezember lag die „München“ an der Einschiffungskaje vor der Lloyd-Wartehalle im Kaiserhafen zur Ausreise bereit. Der Norddeutsche Lloyd besaß wieder einen „richtigen“ großen Dampfer von 13.325 BRT. Am 21. Juni war das auf der AG-Vulkan-Werft in Stettin gebaute Schiff zu seiner Jungfernreise nach New York ausgelaufen und dort mit Begeisterung empfangen worden. Der erste Neubau nach dem Kriege 1914/18, dritter Träger des Namens „München“, bot Platz für ca. 1.000 Passagiere.

Die „München“

Abschied in die Neue Welt von der Einschiffungskaje im Kaiserhafen

Leuchtturm Roter Sand

Schneetreiben begleitete den Weg der Familie zum Hafen und wurde zum Schlackerschnee, als Martha mit drei jungen Leuten aus der Nachbarschaft, Lisbeth Anker, Käthe Suhrhoff und Fritz Dempfwolf, über die Gangway aufs Schiff ging. Unter den Klängen der Bordkapelle zu „Nun ade du mein lieb Heimatland" und „Muß i denn, muß i denn zum Städtele hinaus" wurden die schweren Taue von den Pollern gelöst. Der „große Pott" setzte sich unter Schlepperhilfe in Bewegung. Mit einem dreimaligen langen und einem kurzen Ton aus der Dampfsirene verabschiedeten sich Schiff und Schlepper voneinander. Vom auslaufenden Schiff und seinen Passagieren war es gleichsam der Gruß an die Zurückgebliebenen. Alle schwenkten ihre Tücher, bis die „München" hinter einem Schlechtwettervorhang verschwand.
„Böses Schiff, hat Martha weggenommen", sagte Käthe, die kleine Schwester, als die betrübten Eltern mit ihr die Kaje verließen, um zur nächsten Straßenbahnhaltestelle zu gehen. Wann immer Käthe in folgender Zeit einen Dampfer tuten hörte oder ein großes Schiff sah, sprach sie diesen Satz. Zu Hause angekommen, hing noch die Stimmung der letzten Vorbereitungstage sichtbar und spürbar in allen Zimmern. Tröstlich empfing die Nachbarin die durchgefrorenen Vater, Mutter und Kind mit warmem Kaffee und Zwieback. Sie hatte mich in der Zwischenzeit betreut. Ich war dreiviertel Jahre alt.
Inzwischen passierte die „München" den Leuchtturm Roter Sand. Wird Martha ihn und auch den in der Nähe des Feuerschiffs auf der Außenweser von Bord gehenden Lotsen wahrgenommen haben? Unsere vier Geestemünder eroberten sich treppauf, treppab die langen Gänge, Kajüten, Raum um Raum, vorne, achtern, oben und unten. Alles würde für eine Weile ihr schwimmendes Zuhause sein. Neue, unbekannte Gesichter begegneten ihnen, eine Atmosphäre voller Fremdheit umgab sie.

Die „München“, 1923 auf der Vulkanwerft in Stettin für den Norddeutschen Lloyd gebaut. Am 21. Juni 1923 lief sie zur Jungfernfahrt nach New York aus und wurde dort mit Begeisterung und Erstaunen empfangen. Die Lloydschiffe hatten schon vor dem 1. Weltkrieg Aufsehen erregt wegen ihrer üppigen Ausstattung der Gesellschaftsräume, auch jetzt bewunderte man die geschmackvolle Inneneinrichtung von Prof. Ludwig Troost. Er sollte auch noch weitere Lloydschiffe einrichten.

1930 wurde die „München“ bei einem Brand in New York schwer beschädigt. Sie wurde danach auf der AG „Weser“ in Bremen gründlich instand gesetzt und als „General von Steuben“ 1931 wieder in Dienst gestellt.

Ab 1938 wurde die „Steuben“ als Wohnschiff, Hilfslazarett und schließlich 1945 zur Evakuierung der deutschen Ostgebiete eingesetzt. Am 10. Februar 1945 wurde sie vor Stolpmünde vom selben russischen U-Boot torpediert wie der D. „Wilhelm Gustloff“ und versank.

Wie mag die wunderbare Ausstattung der Säle, Salons, der Läden, Veranden und Speiseräume auf diese jungen Menschen gewirkt haben?
Als Kinder hatten sie die Entbehrungen im Ersten Weltkrieg, als junge Arbeitende die Not der Inflationsjahre erlebt. Beides lehrte sie Bescheidenheit. Von Küchentischen kamen sie, an denen sich die Familie abendlich um die Pfanne voller Bratkartoffeln versammelte. Hier an Bord riefen die Schiffsglocken sie an festlich gedeckte Tische. Alles war aufregend neu. Hatte der Trennungsschmerz überhaupt noch Gelegenheit, sich zu rühren? Schade, wir besaßen einst ein Foto, auf dem die fröhliche Martha aus dem Rettungsring der „München" blickte. Es war Dezember, windig und kalt an Deck, doch an einem geschützten Platz auf dem Liegestuhl in eine warme Decke gehüllt zu liegen, das tat gut gegen die Seekrankheit – einfach so herumliegen, nichts tun, sich verwöhnen lassen,
welch eine Umstellung für Martha, die bisher nur für andere gearbeitet hatte.
Im ersten Brief von Bord der „München" an die Eltern schilderte Martha ihr Wohlbehagen, erzählte von Spielen, Konzerten, Tanzabenden. Zu lesen waren aber auch ihre Beobachtungen über die viele Arbeit des Bordpersonals und das perfekte Zusammenarbeiten des Besatzung „hinter den Kulissen".
Im Laufe der Reise kam es schnell zu Kontakten. Dabei stellte sich heraus, dass viele jüngere Passagiere unter den gleichen Bedingungen „rüber" gingen: Sie wurden von Vorausgewanderten nachgeholt. Jene hatten ihre Passage in Amerika bezahlt, die Bürgschaft gestellt und außerdem durch Dollarhilfe die Überfahrt gesichert.

In der Statistik ist zu lesen, dass die Zahl der Nachholpassagiere in den Inflationsjahren und einige Zeit danach ganz besonders groß gewesen sei. Diese Gruppe der Fahrgäste erwartete zwar auch ein unbekanntes Land, aber wenigstens zunächst kein ungewisses Abenteuer. Sie wussten, dass sie abgeholt wurden, Unterkunft bei Freunden und Bekannten fanden, die in vielen Fällen auch schon für einen Arbeitsplatz gesorgt hatten.

NEW JORK.
NEW JORK.
17188
©IU.

New York in Sicht!
Die Ankunft

Als nach zehn Tagen Wolken und Meer die Silhouette von New York erkennbar wurde, standen die Koffer schon zum Transport bereit. Vorbei die schönen Tage der Ferienstimmung.

Eine gespannte Erwartung an Deck war rundum fühlbar. Die Passagiere drängten sich an die Reling, während die Freiheitsstatue an der Hafeneinfahrt die ankommende „München" begrüßte. „Miss Liberty", ein Geschenk des französischen Volkes zur Hundertjahrfeier der Unabhängigkeit der USA 1876, konnte wegen langanhaltender Kontroversen erst am 28. Oktober 1886 in Anwesenheit ihres Schöpfers Auguste Bartholdi, Bildhauer aus Colmar im Elsaß, eingeweiht werden. In ihrem Sockel verkünden die Worte der Dichterin Emma Lazarus:

Ungleich dem Riesen aus der Griechensage,
der stehend über Land und Meer zu sehen,
soll unsere Küste überragen und stehen
machtvoll die Frau, die eine Fackel trage –
vom Blitz entflammt. Nach ihrem Namen frage:
Mutter der Heimatlosen. Ihre Grüße wehen
weltweit: Willkommen! Ihre Blicke spähen
durch die Wolken in den Morgen unserer Tage.
Gib mir die Heimatlosen und Verfolgten,
die Menschen, die sich sehnen, frei zu sein.
Den müden Wanderern weis' ich den Weg
mit meiner Fackel Schein.

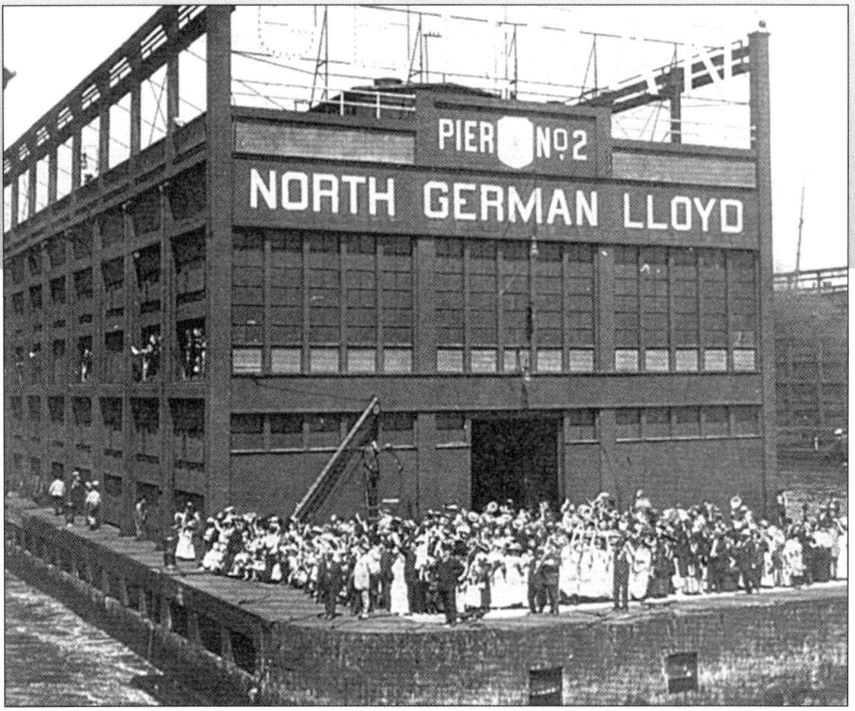

Hudson-Pier und Ellys Island

Lebte das Bild des Abschieds an der Kaje der Lloydhalle in Bremerhaven mit all seinen Menschen noch im Gedächtnis der Fahrgäste, so schwamm nun die „München“ einem ähnlich eindrucksvollen Schauspiel entgegen. An der sehr großen Hudson-Pier stand winkend, Tücher schwenkend und rufend eine einzige Masse von wartenden Menschen den Passagieren an der Reling gegenüber, lediglich getrennt durch einen immer schmaler werdenden Wasserstreifen.
In ihrem ausführlichen Reisebericht an die Eltern ließ Martha noch einen übergesparten Dollarschein verschwinden, bevor sie den Brief der Schiffspost anvertraute – ein Weihnachtsbrief, der zwischen Weihnachten und Neujahr ankommen sollte.

Von den drei vertrauten Geestemündern Käthe Suhrhoff, Lisbeth Anker und Fritz Dempwolff hieß es nun vorübergehend Abschied nehmen – auch sie wurden von Verwandten erwartet. Während die Passagiere über die Gangway das Schiff verließen, blieb für sie gleichzeitig ein letztes Stück Heimatboden zurück. Suchen und Erkennen der Tanten werden für Martha aufregend gewesen sein. Meines Vaters Schwestern und vorausgewanderte Cousinen waren gekommen, um die Siebzehnjährige in Empfang zu nehmen und deren Zoll- und Einwandererabfertigung hilfreich zu begleiten. Vor der Zwischenstation auf Ellys Island schützten die perfekten Einwanderungspapiere und die Bürgschaft. Trotzdem dauerte es lange, bis die letzte Formalität bewältigt war. Koffer und Großfamilie konnten im Taxi das Hafengelände verlassen.

Nahm Martha auf dem Weg das weihnachtlich geschmückte New York wahr? Bald würde sie ihr erstes Weihnachtsfest in der Fremde erleben. Das Haus der Tante war behaglich. Es zeigte jene stabile Holzbauweise, die noch in heutiger Zeit in den Vororten der amerikanischen Städte die Straßen säumt.

9. März 1924:
Martha im Garten der Tante – die ersten Fotos für zu Hause

So könnte Marthas Kommode ausgesehen haben

In einem eigenen Zimmer konnte Martha nun den Inhalt ihres Koffers sortieren. Alles darin roch nach zu Hause, aber noch hatte das Heimweh keine Gelegenheit zur Entfaltung. Die fast gleichaltrigen Cousinen versuchten Martha zu erheitern, halfen auspacken und einrichten. Die Pferdebürste bekam erst einmal ihren Platz auf der Kommode, von Vaters Schwestern wiedererkannt als „Inventar“ aus dem elterlichen Pferdestall in dem Dorf Stinstedt. Martha ihrerseits zeigte ihre rasche und umsichtige Art, im Haushalt zuzupacken. Sie gewann schnell Sympathien und eroberte sich zwischen plattdeutsch, hochdeutsch und englisch sprechenden Verwandten allmählich ihr neues Zuhause.

Bauernhaus Hüner in Stinstedt

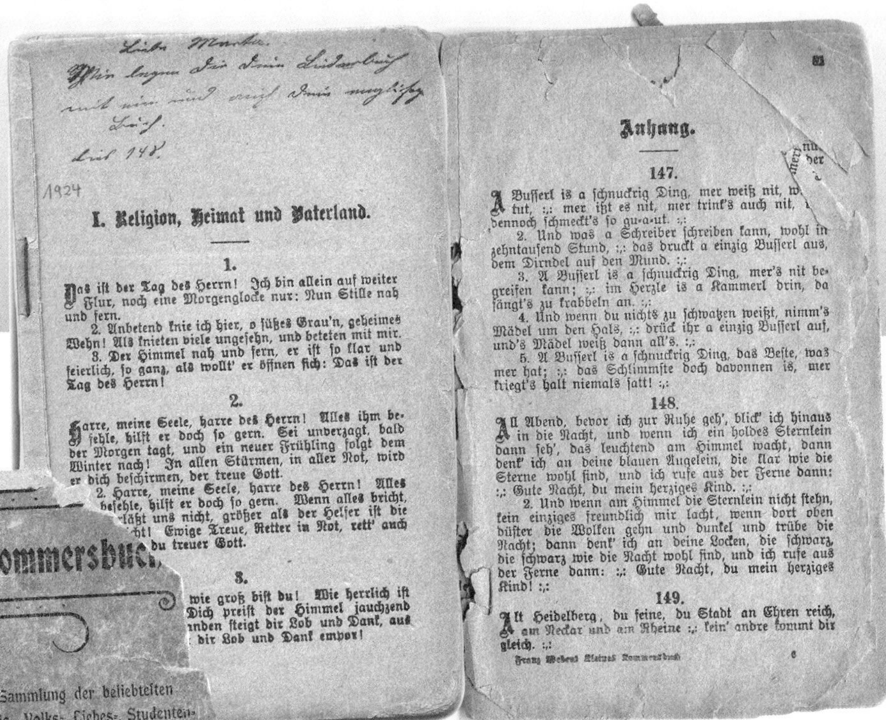

Liebe Martha.
Wir legen Dir Dein Liederbuch
mit ein und auch Dein englisches
Buch.
Lies 148.

1924

I. Religion, Heimat und Vaterland.

1.

Das ist der Tag des Herrn! Ich bin allein auf weiter Flur, noch eine Morgenglocke nur: Nun Stille nah und fern.
2. Anbetend knie ich hier, o süßes Grau'n, geheimes Wehn! Als knieten viele ungesehn, und beteten mit mir.
3. Der Himmel nah und fern, er ist so klar und feierlich, so ganz, als wollt' er öffnen sich: Das ist der Tag des Herrn!

2.

Harre, meine Seele, harre des Herrn! Alles ihm befehle, hilft er doch so gern. Sei unverzagt, bald der Morgen tagt, und ein neuer Frühling folgt dem Winter nach! In allen Stürmen, in aller Not, wird er dich beschirmen, der treue Gott.
2. Harre, meine Seele, harre des Herrn! Alles befehle, hilft er doch so gern. Wenn alles bricht, … läßt uns nicht, größer als der Helfer ist die …t! Ewige Treue, Retter in Not, rett' auch … du treuer Gott.

3.

… wie groß bist du! Wie herrlich ist … Dich preist der Himmel jauchzend …nden steigt dir Lob und Dank, aus … dir Lob und Dank empor!

Anhang.

147.

A Busserl is a schnuckrig Ding, mer weiß nit, w… tut, ;,: mer ißt es nit, mer trinkt's auch nit, … dennoch schmeckt's so gu-a-ut. :,:
2. Und was a Schreiber schreiben kann, wohl in zehntausend Stund, ;,: das druckt a einzig Busserl aus, dem Dirndel auf den Mund. :,:
3. A Busserl is a schnuckrig Ding, mer's nit begreifen kann; ;,: im Herzle is a Kammerl drin, da fängt's zu krabbeln an. :,:
4. Und wenn du nichts zu schwatzen weißt, nimm's Mädel um den Hals, ;,: drück ihr a einzig Busserl auf, und's Mädel weiß dann all's. :,:
5. A Busserl is a schnuckrig Ding, das Beste, was mer hat; ;,: das Schlimmste doch davonnen is, mer kriegt's halt niemals satt! :,:

148.

All Abend, bevor ich zur Ruhe geh', blick' ich hinaus in die Nacht, und wenn ich ein holdes Sternlein dann seh', das leuchtend am Himmel wacht, dann denk' ich an deine blauen Äugelein, die klar wie die Sterne wohl sind, und ich rufe aus der Ferne dann: ;,: Gute Nacht, du mein herziges Kind. :,:
2. Und wenn am Himmel die Sternlein nicht stehn, kein einziges freundlich mir lacht, wenn dort oben düster die Wolken gehn und dunkel und trübe die Nacht; dann denk' ich an deine Locken, die schwarz, die schwarz wie die Nacht wohl sind, und ich rufe aus der Ferne dann: ;,: Gute Nacht, du mein herziges Kind! :,:

149.

Alt Heidelberg, du feine, du Stadt an Ehren reich, am Neckar und am Rheine ;,: kein' andre kommt dir gleich. :,:

Franz Webers Kleines Kommersbuch 6

Kleines Kommersbuch.

Eine Sammlung der beliebtesten Vaterlands-, Volks-, Liebes-, Studenten- und Gesellschaftslieder.

Preis 10 Pf.

Breslau.
Verlag von Franz Goerlich.
Altbüßerstraße 4…

Als 1924 ein Päckchen mit Vergessenem nachgeschickt wurde, stand darin zu lesen:
„Liebe Martha, wir legen Dein Liederbuch mit ein und Dein englisches Buch. Lies 148."
Das kleine Kommersbuch (Preis 10 Pfennig) hat ebenfalls, wenngleich ziemlich „abgeliebt", mehr als 60 Jahre Amerika überlebt und kehrte mit heim. Unter 148 ist zu lesen:

All Abend, bevor ich zur Ruhe geh',
blick ich hinaus in die Nacht,
und wenn ich ein holdes Sternlein seh',
das leuchtend am Himmel lacht,
dann denk ich an deine blauen Äugelein,
die klar wie die Sterne wohl sind,
und ich rufe aus der Ferne dann:
Gute Nacht, du mein herziges Kind!

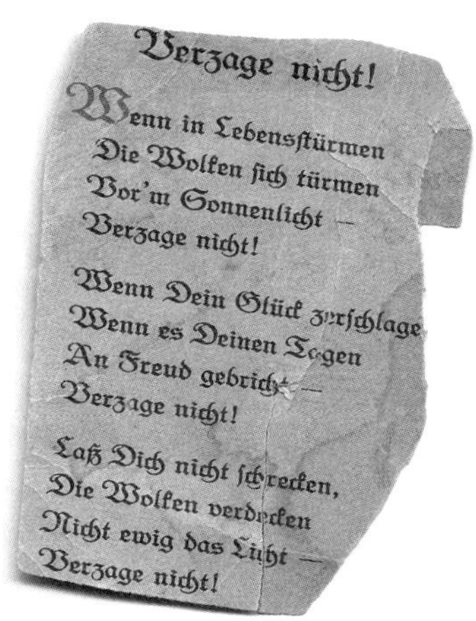

Verzage nicht!

Wenn in Lebensstürmen
Die Wolken sich türmen
Vor'm Sonnenlicht —
Verzage nicht!

Wenn Dein Glück zerschlage
Wenn es Deinen Tagen
An Freud gebricht —
Verzage nicht!

Laß Dich nicht schrecken,
Die Wolken verdecken
Nicht ewig das Licht —
Verzage nicht!

Weihnachten 1923 „hüben“ und „drüben“

Das erste Weihnachtsfest zu Hause ohne Martha war in Molltöne gehüllt. Sicher sangen und spielten unsere Eltern mit uns kleinen Schwestern, aber die Hoffnung auf Post aus Amerika verwandelte die Festtage in Wartetage. Die Rückkehr der „München“ würde den ersten Brief von Martha bringen – und so lag noch vor Neujahr der lange Bordbericht – mit dem Dollarschein – im Kasten. Ein vielgelesener Brief, bei Nachbarn und Freunden herumgereicht. Es bestanden zwischen den Familien unserer Stadt, deren Töchter und Söhne „drüben“ waren, viele Verbindungen. Sie wurden besonders von den Müttern gepflegt. Die Themen der Begegnungen hatten eine Quelle: die Auswanderung – das Leben in der Fremde, die Post aus Amerika, Fotos aus der Neuen Welt. Die Gespräche der Daheimgebliebenen darüber erleichterten die Trennung.

Das erste Weihnachtsfest in der fremden Umgebung war ganz auf Marthas Ankunft ausgerichtet. Alles im Hause der Tante war für sie neu und ungewohnt. Ihre auf die deutschen Verhältnisse angelegte Genügsamkeit hatte den amerikanischen Wohlstand zu verkraften. Hilfreich dabei war die Anwesenheit der vielen Gäste: Aus der engeren Heimat Ausgewanderte, die in dem offen geführten Haus die Festtage ausfüllten. Sie waren gekommen, um Heimatgrüße und Mitbringsel in Empfang zu nehmen. „Geschichten von zu Hause“ wollten sie hören. Was mag die Siebzehnjährige ihnen erzählt haben. Später schrieb sie an die Eltern, dass sie während des ersten Weihnachtsfestes in Amerika gar nicht zur Besinnung und dadurch über vieles hinweggekommen sei.
Die Neubürgerin wohnte und arbeitete zunächst bei der Tante. Sie lebte sich ein, während die Cousinen ihr das Umfeld von Hoboken vertraut machten. Dass die Straßen keine Namen hatten, sondern systematisch durchnumeriert waren, erleichterte die Orientierung. Abends schrieb sie an zu Hause. Nichts von ihrem großen Heimweh war zu lesen. Aber auf den Fotos vom März 1924 werden meine Eltern es erkannt haben.

Winterbilder, die Wärme ausstrahlen

Martha lebt sich ein

In Alta-Vista

Zu dieser Zeit hatte Martha bereits ihren Dienst tagsüber als Kindermädchen in der Familie eines amerikanischen Diplomaten angetreten. Zwei Kinder waren zu betreuen: Eleonore und Sterling. Beide fast im gleichen Alter wie die jüngeren Geschwister in Bremerhaven. Deutsche Wiegenlieder sang Martha ihnen vor, spülte sich damit das Heimweh aus der Seele, lehrte ihre Zöglinge Kinderspiele und übertrug dadurch ihre aufgestaute Zuneigung von den zwei deutschen auf die beiden amerikanischen Kinder. Im Gegenzug erweiterte die Autodidaktin über die ersten Comic-Hefte und Bilderbücher, die sie vorfand, ihre Englischkenntnisse. Außerdem entstand sehr bald eine Freundschaft zu Beverly, einer weiteren Hausangestellten. Die Fotos vom November und Dezember 1924 zeigen die Achtzehnjährige in Alta-Vista (Virginia), wo die Familie mit den Angestellten Winterurlaub machte.

Martha, die bis zu ihrem siebzehnten Lebensjahr nicht über das dörfliche Umfeld von Geestemünde hinausgekommen war, außer nach Bremen zur Lloydagentur, hatte ihr erstes Reiseerlebnis im fremden Land zu bestehen. Die für ihre Arbeitgeber selbstverständliche Entfernung von New York nach Virginia bedeutete die Trennung von den Verwandten. Inzwischen achtzehnjährig, wird sie sich ohne die beschützende Aufsicht der Tante freier gefühlt haben. Den Fotos nach schien es ihr gut zu gehen. Der Tagesablauf mit den Kindern machte Spaß, und am Abend verbesserte das Zusammensein mit Beverly Marthas Englischkenntnisse.

D. „Columbus“ vom Norddeutschen Lloyd

Nordd. Lloyd-Dampfer Columbus an der Schleusenkammer in Bremerhaven. (Fertig zur Abfahrt)

*Quartermaster, (keineswegs zu verwechseln mit Quartiermeister), war bzw. ist heute gelegentlich noch eine internationale Dienstbezeichnung, die überwiegend auf Passagierdampfern zur Anwendung kommt. Es handelt sich dabei um meist ältere ehemalige Matrosen, die als Rudergänger (Steurer) auf der Brücke nach den Anweisungen des wachhabenden Offiziers ihren Dienst tun. Neben der Tätigkeit am Ruder versehen sie weitere Brückendienste, wie z.B. Pflege der nautischen Geräte, der Flaggen, meteorologische Datenerfassung, Ausguck u.ä.. Sie tragen Uniform und bekleiden innerhalb der Mannschaft eine gehobene Position.

1924 – Marthas Eltern und Schwestern Käthe und Hanna

Mit ihrem Talent, Freundschaften zu halten, pflegte sie diesen ersten Kontakt mit einer gleichaltrigen Amerikanerin über viele Jahrzehnte.
Von der Virginiareise zurück, befand sich unter der Weihnachtspost aus Deutschland das Foto von Eltern und Schwestern. Es bekam einen Ehrenplatz auf der Kommode.
Martha wohnte nach Feierabend weiterhin im Hause der Tante. Sie schrieb eifrig und sparte. Kein Brief an die Eltern ohne einen Dollar darin verließ das Haus in Hoboken. Um fünf Cent auf die Seite legen zu können, verzichtete sie beim Gang zu „ihren Kindern" auf das nahe gelegene kleine Fährboot und nahm den täglichen Umweg über die Hudson-Brücke in Kauf.

Mutters Brief mit der Nachricht, dass ein Onkel zum neuen Jahr (1925) als Quartermaster* auf dem Lloyddampfer „Columbus" angemustert hätte, glich einem verspäteten Weihnachtsgeschenk. Nun stand in Aussicht, dass, wenn es die Zeit erlaubte, Martha „mal eben" über die Gangway des großen Schiffes einen vertrauten Bremerhavener Onkel besuchen konnte – Heimatluft schnuppern!

Die Heimwehlieder meiner Mutter

„Wenn ich ein Vöglein wär
und auch zwei Flügel hätt',
flög ich zu dir.
Weil's aber nicht kann sein,
bleib' ich allhier."

Oder:

„Kommt ein Vogel geflogen,
setzt sich nieder auf mein' Fuß,
hat ein Zettel im Schnabel,
von der Mutter einen Gruß."

Liebes Vöglein, fliege weiter,
nimm ein' Gruß mit und ein' Kuss,
denn ich kann dich nicht begleiten,
weil ich hier bleiben muss."

Und mit geradezu herzzerreißendem Ende das vier Strophen lange Gedicht:

„Nach meiner Heimat möcht' ich wieder,
es ist die liebe Heimat doch,
dieselbe Lust, dieselben Lieder,
und alles ist wie damals noch."

Noch heute kann ich Mutters Lieder allesamt auswendig!

Im Elternhaus – Amerika-Post und Trennungsschmerz

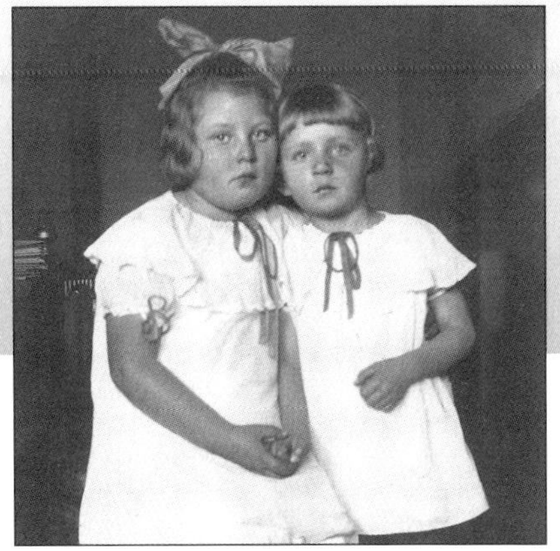

Die Nachkömmlinge Käthe und Hanna 1928

Im Elternhaus beeinflussten die Schiffsbewegungen aus Übersee Gedanken und Gespräche. War das tiefe Tuten eines einlaufenden Ozeandampfers über der Stadt zu hören, hieß es: „Sicher kommt morgen Post von Martha." Ein Dollar im Brief – welch ein Besitz zur Zeit des wirtschaftlichen Tiefstandes als Folgen des verlorenen Krieges und der Inflationsjahre. Die daraus entstandene Arbeitslosigkeit traf auch meinen Vater für längere Zeit. Mutters Spruch „Ist die Not am größten, ist Marthas Hilfe am nächsten" zieht sich wie ein langes Band durch meine Kinderjahre. (Zwanzig Jahre später, nach dem Zweiten Weltkrieg, wandte ihn Mutter in ihrer kleinen Ein-Zimmer-Wohnung noch überzeugender an.)

Die Briefe von zu Hause, pünktlich vor dem Auslaufen der Schiffe in den Kasten geworfen, begannen fast immer mit den Worten: „Freuen uns zu lesen, dass es Dir gut gehet, welches ich auch von uns schreiben kann." Ging es meiner Mutter gut? Vieles ließ erkennen, wie sehr sie unter der Trennung von der großen Tochter litt. Es war hilfreich, dass mit benachbarten Familien über die „Drüben-Kinder" Nachrichten ausgetauscht wurden. Außerdem lenkte das Tagewerk ab: Zwei Gemüsegärten, „das Land" für den eigenen Bedarf, ein Schwein im Stall. Auch war unsere Stadtwohnung eine vielgenutzte Anlaufstelle für die große ländliche Verwandtschaft, nachdem diese ihre Marktgeschäfte erledigt hatte.

„Was gibt es Neues von Martha?" Eine immer wiederkehrende Frage, denn auch aus den Dörfern rund um Bremerhaven hatten Söhne und Töchter die zum Teil kinderreichen Bauernfamilien verlassen, um in Amerika „ihr Auskommen zu finden". (Ein seinerzeit viel angewandter Satz.) Der Informationsaustausch von Briefen und Fotos glich einer Quelle, aus der die neuesten Nachrichten flossen. Noch hatte diese Quelle Telefon und Radio zu ersetzen.

Und dann waren wir noch da, die beiden „Nachkömmlinge" Käthe und Hanna, für die auch mein Vater sorgte, indem er als Arbeitsloser bei seinen Geschwistern

1924 – Ankunft des Dampfers „Columbus“ vom Norddeutschen Lloyd in New York. Er war der erste Schnelldampfer-Neubau nach dem 1. Weltkrieg und gab der Columbuskaje in Bremerhaven den Namen. (Gemälde von Claus Bergen.)

auf dem Lande „schlicht um schlicht" arbeitete. Bepackt mit Naturalien war am Abend das Fahrrad, das mit einer Karbidlampe den Rückweg über oft sehr holperige Straßen ausleuchtete. Auf ihn traf der Satz vom treu sorgenden Vater zu. Meine Mutter war immer da. Blättere ich in meiner Erinnerung, dann höre ich „Ach wenn ich Euch nicht hätte!" Sie sang viel mit uns, meistens waren es Heimwehlieder, in die sie ihr Verlangen nach Martha einfließen lassen konnte.

Abends stimmte Vater erst einmal seine Soldatenlieder an. Er sang das Lied von „Anne-Marie" und dem schönen Polenmädchen, vom „Feldquartier" und „Steh' ich in finstrer Mitternacht", aber am Ende landeten wir doch wieder bei „Nun ade du mein lieb' Heimatland" und „Muß i denn zum Städtele hinaus". Hausmusik in den zwanziger Jahren in der großen Wohnküche mit Sofa, mit Majolika-Petroleumlampe auf dem Tisch und der Torfkiste neben dem Küchenherd!

Der Onkel auf dem Schnelldampfer „Columbus"

Inzwischen hatte sich das Treffen mit dem Onkel an Bord des Dampfers „Columbus" ereignet. Welch ein Tag für die Achtzehnjährige! Erzählen und hören von zu Hause, ein Packen „Nordwestdeutsche Zeitung", viele von Mutter gesammelte Post von Freundinnen und Nachbarn zu erhalten. Da wurde das Heimweh erst einmal vergessen. Doch als Martha das Schiff nach Stunden wieder verlassen musste, weinte sie. „Das kann ich Vater und Mutter doch nicht berichten", so der Onkel, „und bei den nächsten Reisen werde ich dich an Land besuchen!" (Ein überliefertes Gespräch.)

Nicolaikirche.
Hof.
Münsterkirche.

Hameln, die Rattenfängerstadt.
Nach Skizzen von E. Rieck.
Rattenfängerhaus.

Hochzeitshaus.
Osterstraße.
An der Weser.

Willy Seegers' Heimatstadt Hameln in alten Ansichten

Willy Seegers und die ernsten Absichten

Willy Seegers zu Kaisers Zeiten während seines einjährigen Militärdienstes

Heiterer wurde Marthas Alltag, als ihr der spätere Ehemann über den Weg lief. Buchstäblich!
An einigen Tagen in der Woche hatte Martha, bevor sie morgens das Haus der Tante verließ, die Straße zu fegen. Dabei wurde sie beobachtet von einem jungen Mann, der ebenso früh des Weges kam, um seinen Arbeitsplatz, eine Bäckerei, zu erreichen. Er hatte die Fegende als Landsmännin erkannt, und es ergaben sich muntere Hin-und-her-Gespräche, die den frühen Morgenstunden sicherlich eine besondere Würze gaben. Dieses Kennenlernen beschränkte sich nur auf den Tagesbeginn und hielt sich so über einige Monate – von Tante Käthe mit Bedenken beobachtet. Martha bedeutete das Treffen zwar eine Abwechslung, aber ihr Interesse an dem Bäcker erlosch, wenn er wieder um die Ecke war. Sie hatte ihren Geestemünder Friedrich im Kopf. Willy Seegers jedoch hatte ernste Absichten. Er warb eifrig. Sein Geständnis, er habe sich von seiner – angeblich – reichen amerikanischen Verlobten getrennt, machte nicht den erwarteten Eindruck auf Martha. Nun wurde für die nächste Werberunde die Technik eingesetzt. Willy fuhr in der Frühe im Auto vor. „Steig' ein, Martha, wir fahren einmal um den Block!" Sie stellte den Besen an die Wand und ließ sich auf das Abenteuer ein. Wieder beim Besen angekommen: „Willst du mich heiraten?" „Nein!" Willy gab Gas. Wieder und wieder an der Besenhaltestelle der gleiche Dialog. Martha erzählte später, er sei wohl um die Zwanzigmal um das Viereck gefahren. Schließlich stand Tante Käthe schimpfend an der Straße: „Martha, geh' an deine Arbeit!"
Vor lauter Angst sagte sie „Ja" – und durfte nun als „Verlobte" das Auto verlassen. Zu diesem „Ja" stand sie.

Willy Seegers fuhr auf dem Lloyddampfer „Kaiser Wilhelm der Große" als Bäcker

„Kaiser Wilhelm der Große" in der Kaiserschleuse Bremerhaven

Willy Seegers' Spezialität: Hamelner Ratten aus Salzteig

Hilfreich dabei der Gedanke, dem engen Netz der verwandtschaftlichen Fürsorge zu entkommen.

Wer war dieser Willy Seegers, dem sie ihr Wort gab und der bei den Eltern in Bremerhaven um die Erlaubnis bat, die inzwischen Neunzehnjährige heiraten zu dürfen?
Er war ein Lehrersohn aus Hameln an der Weser, der Rattenfängerstadt.
Als gelernter Bäcker und Konditor verließ er nach Beendigung seines einjährigen Militärdienstes die Heimatstadt. Ein Jahr im Dienste seines Kaisers hatte ihm gereicht, ihn lockte das Abenteuer Amerika.
1911 heuerte er als Küchenhelfer auf dem Vier-Schornstein-Dampfer „Kaiser Wilhelm der Große" an.
Während seiner Tätigkeit in der Kombüse überraschte er seinen Küchenchef mit einem Backblech voller Hamelner Ratten aus Salzteig. Eine traditionsreiche Spezialität aus seiner Heimatstadt. Dieser Spaß öffnete ihm den Weg in die Bäckerei der „Kaiser Wilhelm".
„Kochen lernen kann jeder, aber zum Brot- und Kuchenbacken gehört Talent", ein Zitat aus dem Heuerbüro am Hafen, das erklärt, aus welchem Grunde gelernte Bäcker beim Anmustern und in der Kombüse bevorzugt wurden.

Nach einigen Reisen und mit der verdienten Heuer in der Tasche stieg der Vierundzwanzigjährige in New York aus. Über die folgenden Jahre fehlen die Informationen. Gewiss ist, dass Willy, als er 1925 über Marthas Weg lief, einen festen Arbeitsplatz in einer New Yorker Hotelküche hatte.

Martha und Willy –
das Hochzeitsfoto vom 22. Dezember 1925

Hochzeit in der Fremde

Die Hochzeit war zum Jahresende geplant, und vor mir liegt, vergilbt, der Brief meiner Mutter in deutscher Schrift, den sie am 27. November 1925 an Martha absandte. Er wurde zum gehüteten Dokument und überlebte in einer kleinen Tasche zusammen mit der Heiratsurkunde, dem Hochzeitsfoto und drei Glückwunschkarten von zu Hause sechzig Lebensjahre in Amerika.

Unter dem Dach dieses kleinen Briefes hat vieles Platz. Fürsorglich erwähnt die Schreiberin die Aussteuer: „...denn dies reine Leinen könnt Ihr da nicht kaufen!" Erkennbar ist auch, welch großen Stellenwert ein handgesticktes Monogramm in der eigenen Wäsche hatte. Die hausgemachte Wurst vom geschlachteten eigenen Schwein wird angekündigt. Alles will Tante Lotte mitbringen, Vaters Schwester, Bäuerin aus Westerbeverstedt. Sie besuchte über Weihnachten ihre drei Schwestern und den ausgewanderten Sohn Lüder.
Es scheint, die verwandtschaftlichen Beziehungen standen zu dieser Zeit nicht zum Besten, das ist dem Brief zu entnehmen, dennoch kamen Wäsche und Wurst wohlbehalten in Marthas Besitz.

Meine Mutter schreibt, dass heute, am 27. 11. 1925, ein Schneegestöber in Geestemünde tobte, „...ebenso wie vor zwei Jahren, als Du fortgingst". Zum Schluss des Briefes hockt die Hoffnung in einer kleinen, freien Ecke, in dem schräggeschriebenen Satz „Auf frohes Wiedersehen", neben der Erwartung auf Post. „...heute kommt ja die ‚Bremen' rein, ...vielleicht bekomme ich morgen Euren Brief."

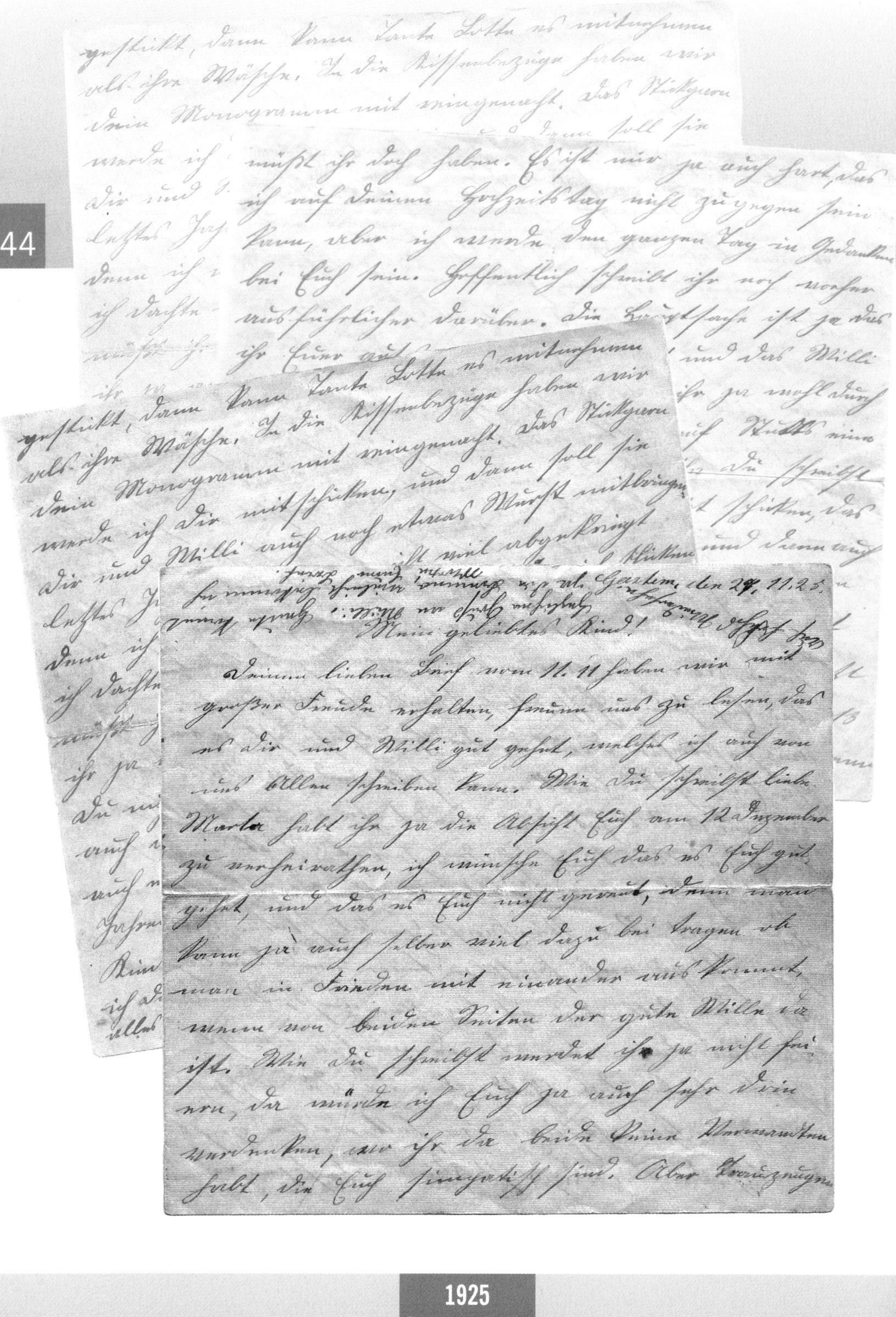
... ul. Gartem, den 24. 11. 25.

Mein geliebtes Kind!

Deinen lieben Brief vom 11.11 haben wir mit großer Freude erhalten, freuen uns zu lesen, das es dir und Willi gut geht, welches ich auch von uns Allen schreiben kann. Wie du schreibst liebe Marta habt ihr ja die Absicht Euch am 12 Dezember zu verheirathen, ich wünsche Euch das es Euch gut geht, und das es Euch nicht gereut, denn man kann ja auch selber viel dazu bei tragen ob man in Frieden mit einander aus kommt, wenn von beiden Seiten der gute Wille da ist. Wie du schreibst werdet ihr ja nicht fei[illegible] ern, da würden ich Euch ja auch sehr drin verdenken, wo ihr da beide keine Verwandten habt, die Euch [illegible] sind. Aber [illegible]

Mutters Brief

Mein geliebtes Kind! *Geestem., den 27.11.25*

Deinen lieben Brief vom 11.11. haben wir mit großer Freude erhalten, freuen uns zu lesen, dass es Dir und Willi gut geht, welches ich auch von uns allen schreiben kann. Wie Du schreibst, liebe Martha, habt Ihr ja die Absicht, Euch am 12. Dezember zu verheiraten. Ich wünsche Euch, dass es Euch gut gehet, und es Euch nicht gereut, denn man kann ja auch selber viel dazu beitragen, ob man in Frieden mit einander auskommt, wenn von beiden Seiten der gute Wille da ist. Wie Du schreibst, werdet Ihr ja nicht feiern, da würde ich Euch ja auch sehr drin verdenken, wo Ihr da beide keine Verwandten habt, die Euch sympathisch sind. Aber Trauzeugen müsst Ihr doch haben. Es ist mir ja auch hart, dass ich auf Deinem Hochzeitstag nicht zugegen sein kann, aber ich werde den ganzen Tag in Gedanken bei Euch sein. Hoffentlich schreibt Ihr noch vorher ausführlicher darüber. Die Hauptsache ist ja, dass Ihr Euer gutes Auskommen habt und Willi immer Arbeit hat, dann werdet Ihr ja wohl durchkommen. Aber könnt Ihr denn so auf Stucks eine Wohnung bekommen?

Liebe Martha, Du schreibst, Du willst kein Weihnachtspaket schicken. Das Porto ist ja auch furchtbar teuer und dann auch noch der Zoll, den ich bezahlen muß. Wenn Du uns dann eine Freude machen willst, schicke lieber das Geld, aber da Du Dich jetzt verheiratest, hast Du ja selber alles groß nötig, denn das sollst Du mal sehen, wenn es ans Einrichten geht, wie das Geld fliegt.

Liebe Martha, Du schreibst, ich soll mit Tante Lotte nichts mitschicken, weil Du nicht weißt, ob Du hinkommst. Da mußt Du schon sehn, daß Du es möglich machst, ich habe ihr nun einmal gesagt, daß Du sie besuchen willst. Ich habe die halbes Dutzend Kissenbezüge aufzeichnen lassen, die sind sehr schön geworden, keine Sofakissen, Kopfkissenbezüge. Nur nähen mußt Du sie selbst, weil Du sie erst aussticken mußt. Ich dachte, das wäre was Nützliches.

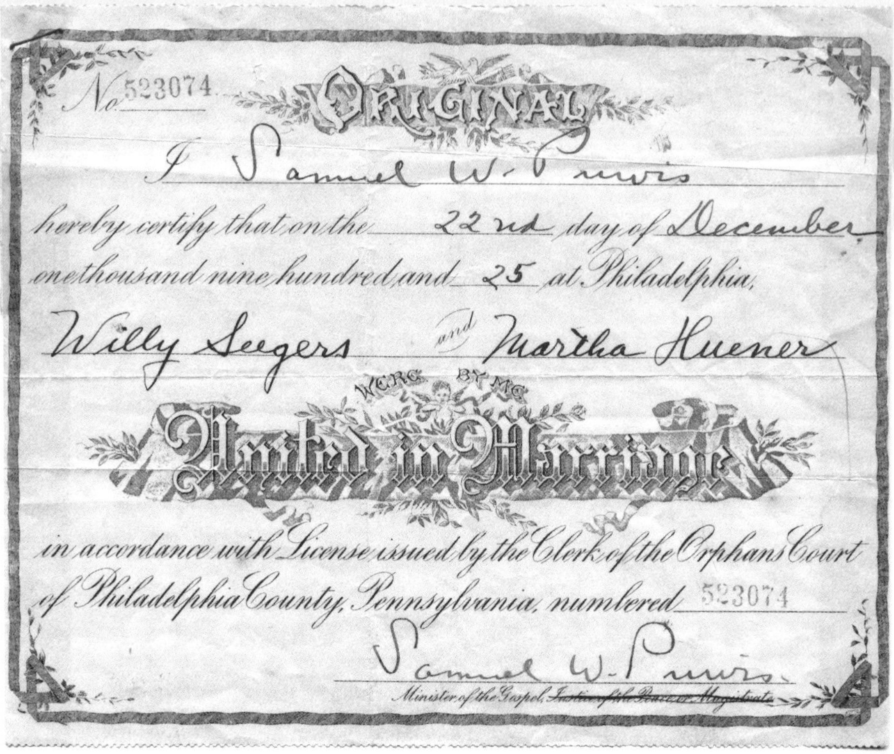
No. 523074 ORIGINAL

I Samuel W. Purvis

hereby certify that on the 22nd day of December

one thousand nine hundred and 25 at Philadelphia,

Willy Seegers and Martha Huener

were by me United in Marriage

in accordance with License issued by the Clerk of the Orphans Court of Philadelphia County, Pennsylvania, numbered 523074

Samuel W. Purvis

Minister of the Gospel, ~~Justice of the Peace or Magistrate~~

Reine Freude sollst du bringen schöner froher Hochzeitstag

Glückwunsch-Telegramm

Telegramm aus ... den ...ten ... 19..

Den Neuvermählten die herzlichsten Glückwünsche

Martha Wetzel hat jedes Mal 2 verschiedene aufgezeichnet. Und dann habe Dir noch 2 leinene Bettücher gekauft, denn dies reine Leinen könnt Ihr da nicht kaufen. In die Bettücher habe ich gleich Namen hineingestickt, dann kann Tante Lotte es mitnehmen als ihre Wäsche. In die Kissenbezüge haben wir dein Monogramm mit reingemacht. Das Stickgarn werde ich Dir mitschicken, und dann soll sie Dir und Willi auch noch etwas Wurst mitbringen. Letztes Jahr hast Du ja nicht viel abgekriegt, denn ich mochte mit der Post nicht soviel schicken. Ich dachte, wenn sie schlecht würde. Also, liebe Martha, müsst Ihr es einrichten, daß Ihr hingeht, sonst könnt Ihr ja auch schon Weihnachten hingehen, wenn Du nicht mehr in Stellung bist, bist Du ja auch Dein eigener Herr. Wir haben hier heute auch ein Schneegestöber, gerade so wie vor 2 Jahren, als Du fortgingst. Sonst mein geliebtes Kind, ist hier noch alles beim alten. Nun wünsche ich Dir, mein herzliebes Kind, im fremden Lande alles Gute. Und sei vieltausendmal gegrüßt und geküsst von Deiner Dich herzlich liebenden Mutter, Vater, Käthe und Hannele.
Auf frohes Wiedersehen. Herzlichen Gruß an Willi.
Heute kommt ja die „Bremen“, vielleicht bekomme ich morgen Euren Brief.

Mit der Urkunde Nr. 523074 bescheinigte der Minister of the Gospel in Philadelphia County, Pennsylvania, am 22. Dezember 1925 dem Brautpaar

Willy Seegers und Martha Huener
„United in Marriage“

Ein Blatt Papier, dezent in zartem Blau verziert und mehrfach gefaltet, so hat auch dieses Dokument die Zeiten überlebt. Von dieser Hochzeit blieb auch erhalten eine Handvoll Schmuckkarten im Stil der zwanziger Jahre, mit denen liebe Verwandte aus der Heimatstadt Geestemünde Glück gewünscht hatten.

Fotos aus dem ersten Ehejahr: teils heiter, teils bedeckt

Die junge Mrs. Seegers mit ihren beiden Freundinnen Virginia und Ida

Auch zwei Fotos der Neuvermählten liegen vor mir.
Neunzehn Jahre jung Martha im dunklen Seidenkleid, sechsunddreißigjährig der sympathisch aussehende Ehemann.
Das zweite Foto erzählt den Eltern: „Es ist Winter, und wir sind im warmen Ulster, Plüschmantel mit Pelzbesätzen, dazu die Hüte nach neuester Mode, vor Wind und Wetter geschützt. Es geht uns gut.“

Das Zurückkehren war nun vorerst kein Thema mehr. Statt dessen bat Martha um Kochrezepte aus Mutters Küche, um diese Gerichte in ihrem eigenen Reich auf den Tisch zu bringen. Martha hatte das Haus der Tante verlassen, Willy gab die „Junggesellenbude“ auf. Sie richteten sich ein. Fortan war die Post an die 507 Park Ave, Aptm. 27 West New York / New Jersey zu adressieren. Noch ein Jahr arbeitete Martha, nun halbtags, in ihrer Diplomatenfamilie, auch um weiterhin manchen Dollar nach Hause schicken zu können. „Liebe Mutter“, schrieb sie, „bitte mache einen Strich am Datum, dann weiß ich, dass mein Geld angekommen ist.“ (Den Strich fand ich auf ein paar alten Ansichtskarten wieder, die von meiner Mutter „rüber“ gingen.)

Das junge Ehepaar arbeitete fleißig. Aus dem einstmals zur Brautwerbung eingesetzten Leihauto wurde bald ein eigenes. Sie pflegten gute Nachbarschaft und Geselligkeit mit Freunden aus der Heimat. Man traf die beiden in plattdeutschen Heimatvereinen, und sie waren Zeugen des ersten Tonfilmwelterfolges „The jazz-singer“, 1924 in einem New Yorker Kinopalast uraufgeführt. War Gelegenheit, besuchten sie den Onkel auf dem Schnelldampfer „Columbus“, der wiederum konnte uns vom heiteren Zusammensein mit dem neuen Schwiegersohn berichten.

Der neue Columbusbahnhof

Straßenbahn-Autobus vor dem Lloyddampfer „Columbus“

„Schwarzer Freitag" zerstört die erste Besuchsreise

Hanna, Hannale und Ursel beim Mutter-und-Kind-Ausflug mit Puppe Ida (unten links)

Sie planten, auf weite Sicht für eine Besuchsreise mit dem Lloyddampfer „Columbus" nach Deutschland zu sparen und legten sich ein Bankkonto an. Im 1929 Herbst waren die Dollar für eine Schiffsreise zusammen, da ereigneten sich an der New Yorker Börse Kurseinbrüche, die 14 Milliarden Dollar Verluste verursachten. Der in die Wirtschaftsgeschichte eingegangene „Schwarze Freitag" traf auch die Kofferpackenden und zerstörte ihre Reisepläne.

Im Elternhaus war die Enttäuschung groß. Schon hatten wir an schönen Sonntagen mit Vater und Mutter Spaziergänge bis zum neuen Columbusbahnhof gemacht. Meine Mutter hatte seewärts gezeigt: „Von dorther kommt das große Schiff mit Martha!"

Inzwischen waren wir Schwestern neun und sechs Jahre geworden und erlebten bewusst das Warten auf Amerika-Post, das Vorlesen der Briefe, die Freude, wenn ein Dollar zum Vorschein kam.

Nicht vergessen sind die langen Wege an Mutters Hand durch den Kaiserhafen, wenn die „Columbus" an der Kaje lag. Oft hatte Onkel Georg Geschenke von Martha mitgebracht. Von Kinderkleidung weiß ich noch, die wir wegen der Zollkontrolle bereits in seiner Schlafkabine anzogen, erinnere mich an bunte Bälle im Netz, an Bonbons mit sehr fremdem Geschmack. Einmal bekamen wir zwei schöne, große Puppen, die wir auf dem Rückweg im Arm trugen. „Oh", sagte der strenge „Zollonkel", „ihr hattet doch auf dem Hinweg keine Puppen!" Ich weiß nicht mehr, ob meine Mutter Zoll bezahlen musste.

Mit diesen Puppen spielten wir viele Jahre, ihre am Halsband baumelnden Namen hatten sie von Martha mitbekommen: Ida und Frieda – und als solche zogen sie bei uns ein. Nachts schliefen sie in weißen Schuhkartonbettchen. An warmen Sommertagen nahmen sie teil an den Kinderspielen in der Raabestraße, und beim „Mutter-und-Kind-Ausflug" sehen wir Ida auf der Bank vor dem Hauptbahnhof in guter Gesellschaft.

Unser Vater auf dem Elektro-Eistransporter der Firma Lüllich und Co. im Fischereihafen

*Käthe und Hanna –
Stoff aus Amerika
für kunstseidene Kleider
(nur für sonntags)*

Das Ehepaar Seegers in New York ließ sich durch die verloren gegangenen Ersparnisse nicht entmutigen. Ihnen blieb ihre schöne Wohnung, und beide hatten ihren Arbeitsplatz. Wo Willy in einem größeren Hotel als Konditor wirkte, stellte man Martha als „Housekeeper“ ein. Das klappte über viele Jahre in unterschiedlichen Häusern. Willy, in seiner Mentalität etwas eigensinnig, ertrug nicht gerne Kritik und wechselte häufig den Arbeitsplatz. Im Sommer allerdings passten sie sich dem Verhalten der gehobenen amerikanischen Bevölkerungsschicht an und gingen für drei Monate „ins Gebirge“. Sie wohnten in einem Ferienhotel und arbeiteten dort unter gleichen Bedingungen wie in der Großstadt. Jahrelang erreichten uns aus dem selben Hotel zufriedene „Sommerferienbriefe“. Beide fühlten sich in der ländlichen Umgebung viel wohler als in der hektischen Atmosphäre New Yorks.

Vermutlich war auch das Einkommen in der Saison größer, denn mancher Fünf-Dollar-Schein fand den Weg aus dem Gebirge bis an die Wesermündung. Schriftlich war zwischen Mutter und Tochter vereinbart worden, für diese „Sommerdollar“ eine Nähmaschine zu kaufen, damit die kleinen Schwestern beizeiten das Nähen lernten. Anfang der Dreißigerjahre zog dann die neue, versenkbare „Kayser“ ins Wohnzimmer ein. An ihr beeindruckte mich am meisten die kleine Intarsie in der Arbeitsplatte: Ein aus weißem, schillerndem Perlmutt eingelegtes Fünfzigzentimetermaß, an dem ich liebend gerne Abmessen spielte, während Schwester Käthe sofort ernsthaft das Nähen übte. Dank der Maschine kam nun auch eine Schneiderin ins Haus. Für fünf Reichsmark am Tag und gute Verpflegung, zauberte sie aus Kleidern von „drüben“ hübsche Kindergarderobe. Inzwischen hatte auch mein Vater wieder Arbeit. Er fuhr einen Elektro-Eistransporter am Fischereihafen für „Lüllichs Eiswerke“.

Schorschl, ach fahr mit mir im Automobil,
kost' ja nicht viel, von Hamburg nach Kiel.
Schorschl, ach fahr mit mir im Automobil,
schnell mit mir hin nach Kiel. Glaube, im Auto,
da fährt es sich fein, sage nicht nein;
komm, steige ein.
Schorschl, ach fahr mit mir im Automobil von
Hamburg bis nach Kiel!

Das macht die Berliner Luft, Luft, Luft,
so mit ihrem holden Duft, Duft, Duft,
wo nur selten was verpufft, pufft, pufft
in dem Duft, Duft, Duft
dieser Luft, Luft, Luft. jajaja …
Das macht die Berliner Luft …

Im Grunewald ist Holzauction, Holzauction,
von Nah und Fern komm'n Leute schon, Leute schon.
Die Bauern mit dem Leiterwagen, Leiterwagen,
Leiterwagen, und »unsre Leut« in Equipagen,
Equipagen, Equipagen! Groß ist die Menge, groß ist das
Gedränge, jeder will und möcht' der Erste sein;
»Au, meine Backe«, »au, meine Jacke«
hört laut man im Gewühle schrei'n.

In ihrer Wohnung in der 507. Park-Ave pflegten Martha und Willy ihren deutsch-amerikanischen Freundeskreis. Der Hausherr, der die alten Schlager aus seiner Hamelner Zeit nicht vergessen hatte, war an seinem Klavier Mittelpunkt fröhlicher Geselligkeit.

„Puppchen, du bist mein Augenstern..."
„Du kannst mir mal die Rolle drehn..."
„Bis früh um fünfe süße Maus..."
„Im Grunewald, im Grunewald..."
„...und dann schleich ich still und leise..."
„Hinterm Ofen sitzt 'ne Maus..." u.a.

Er kannte sie alle: Paul Lincke, Jacques Offenbach, Victor Holländer.

Auch bei den Traditionsfesten plattdeutscher Vereine machten sie mit, und auf einem solchen Abend stand plötzlich ihr Geestemünder Freund vor Martha und bat um einen Tanz. (Friedrich, inzwischen auch eingewandert, hatte einen Milchhandel in Brooklyn, aber beide wussten nichts voneinander.)
Beim Tanz versprach Martha, später noch einmal zurückzukommen, denn Willy hatte frühen Dienst in der Bäckerei, und beide verließen das Fest. Doch Martha ging nicht schlafen und Willy „ahnte was", bat einen Bäckerkollegen, mit auf seine Brötchen zu achten, und eilte ebenfalls zu den Plattdeutschen. Dort entdeckte er Martha beim Tanzen mit Friedrich!
„Er oder ich!" so Willy, und er soll dabei nicht besonders freundlich ausgesehen haben. Martha entschied sich – ein zweites Mal – für Willy.
Und das war denn auch schon das Ende dieser Love-Story.
Jedenfalls, als wir davon in Deutschland erfuhren, hatten die Zeit und der Wind die dunklen Wolken über dem Ehehimmel längst hinweg gepustet.

1934 – die neue Post am Hauptbahnhof

Was meine Mutter uns lehrte

EIN FREUND
GING NACH AMERIKA

Ein Freund ging nach Amerika
und schrieb nach einigen Lenzen:
Schicke mir Rosen aus Steiermark,
ich hab' eine Braut zu bekränzen!

Und als vergangen war ein Jahr,
da kam ein Brieflein gelaufen:
Schicke mir Wasser aus Steiermark,
ich hab' ein Kindlein zu taufen!

Und wieder ein Jahr, da wollte der Freund,
ach, noch was anderes haben:
Schicke mir Erde aus Steiermark,
muß Weib und Kind begraben!

Und so ersehnte der arme Mann
auf fernsten, fremden Wegen
für höchste Freud, für tiefstes Leid
des Heimatlandes Segen!

Peter Rosegger

Auf ihr Brüder laßt uns segeln
glücklich nach Amerika.
Unsere Schwestern sind schon drüben
dort in Philadelphia.

* * *

Morgen muß ich fort von hier
und muß Abschied nehmen.

* * *

Wer in die Fremde will wandern,
der muß mit der Liebsten gehn'.

* * *

Nach meiner Heimat
möcht' ich wieder
es die alte Heimat, doch
dieselbe Lust, dieselben frohen Lieder.
Nun ist die Zeit und Stunde da.
Wir reisen nach Amerika.

* * *

Und als wir kam'n nach Baltimore,
da reichten wir die Hand empor
und riefen aus: Viktoria!
Nun sind wir in Amerika.

Die eigene Bäckerei

507. Park Avenue, West New York

Die Pferdebürste

Ab 1932 begann für das Ehepaar Seegers ein neuer Lebensabschnitt. Sie übernahmen eine Bäckerei, blieben zwar dem Staate New Jersey treu. Das nun eigene Haus jedoch stand an der 7. Street in Weehawken und trug die Nummer 47.

Willy, der gelernte Konditor, war in seinem Element. Nun buk er Brote und Torten für seinen Laden. Die arbeitsfreudige Martha nahm ihre neue Aufgabe als Bäckersfrau gewandt an und sorgte für guten Umsatz. Am Abend, so wurde beiläufig nach Geestemünde berichtet, fegte meines Vaters Pferdebürste die Krümel vom Tresen. Aus dieser Zeit existierte ein Foto vom Schaufenster, in dem Torten, auf Glaskonsolen ausgestellt, zu sehen waren. (Leider ist diese Aufnahme im Krieg verloren gegangen.)

Aus dem Frühjahr 1934 liegt vor mir eine Postkarte von meiner Mutter an Martha: „Du siehst unser neues Postgebäude neben dem Hauptbahnhof. Wir haben die Post nun nahe bei uns." Ein großes Ereignis in Geestemünde und eine wichtige Mitteilung an die ferne Tochter. Post, das gleich einem Zauberwort die tiefe Verbindung zwischen „hüben" und „drüben" schuf.

Uns beiden Schwestern hingegen machte das Briefeschreiben überhaupt keinen Spaß. Lieber malten wir Bilder für Martha, aber vor den von Mutter angemahnten Dankeschönbriefen drückten wir uns. Also dachte sie sich Antworten für uns aus und schrieb dann Käthes Post in lateinischen Buchstaben und „meine" Zeilen gingen in gedruckter Schrift auf die Reise.

DIE AUSWANDERER

Ich kann den Blick nicht von euch wenden;
ich muß euch anschaun immerdar:
Wie reicht ihr mit geschäft'gen Händen
dem Schiffer eure Habe dar!

Ihr Männer, die ihr von dem Nacken
die Körbe langt, mit Brot beschwert,
das ihr aus deutschem Korn gebacken,
geröstet habt auf deutschem Herd;

und ihr, im Schmuck der langen Zöpfe,
ihr Schwarzwaldmädchen, braun und schlank,
wie sorgsam stellt ihr Krüg und Töpfe
auf der Schaluppe grüne Bank!

Das sind die selben Töpf' und Krüge,
oft an der Heimat Born gefüllt;
wenn am Missouri alles schwiege,
sie malten euch der Heimat Bild:

Des Dorfes steingefaßte Quelle,
zu der ihr schöpfend euch gebückt,
des Herdes traute Feuerstelle,
das Wandgesims, das sie geschmückt.

Bald zieren sie im fernen Westen
des leichten Bretterhauses Wand;
bald reicht sie müden, braunen Gästen
voll frischen Trunkes eure Hand.

Er trinkt daraus der Tscherokese,
ermattet, von der Jagd bestaubt;
nicht mehr von deutscher Rebenlese
tragt ihr sie heim mit Grün belaubt.

O sprecht! warum zogt ihr von dannen?
Das Neckartal hat Wein und Korn;
der Schwarzwald steht voll finstrer Tannen,
im Spessart klingt des Älplers Horn.

Wie wird es in den fremden Wäldern
euch der Heimatberge Grün,
nach Deutschlands gelben Weizenfeldern,
nach seinen Rebenhügeln ziehn.

Wie wird das Bild der alten Tage
eure Träume glänzend wehn!
Gleich einer stillen, frommen Sage
wird es euch vor der Seele stehn.

Der Bootsmann winkt! - Zieht hin in Frieden!
Gott schütz' euch, Mann und Weib und Greis
Sei Freude eurer Brust beschieden
und euren Feldern Reis und Mais!

Ferdinand Freiligrath

Natürlich hatte Martha es gemerkt, aber es wird sie an ihre eigene Kindheit erinnert haben. Damals – 1914/18 – schrieb meine Mutter auch Marthas Post an Vater nach Frankreich ins Feld.
Eine gütige Mutter, immer ein wenig „in Moll", mit einem Gedächtnis voller Gedichte, Lieder und Sprüche.
Sie hatte in ihrer streng geführten Dorfschule in Stotel gut aufgepasst und nahm Erlerntes aus den Lesebüchern des neunzehnten Jahrhunderts mit rüber in das zwanzigste, gab das Wissen weiter an die heranwachsenden Töchter. Mit Bestimmtheit und verhaltenem Humor streute sie die Sprüche der Bibel über die Ereignisse des Tages aus und lehrte uns Auswanderergedichte.

Peter Rosegger:
Ein Freund ging nach Amerika...

Ferdinand von Freiligrath:
Ich kann den Blick nicht von euch wenden...

Ernst von Wildenbruch:
Über das weite, das endlose Meer,
wo keine Brücke ist und kein Steg,
wandelt schweigend die Weihenacht...

Keine fröhlichen Verse, aber durch die häufige Wiederholung prägten sie sich ein und schafften eine Gedankenverbindung zur großen Schwester.

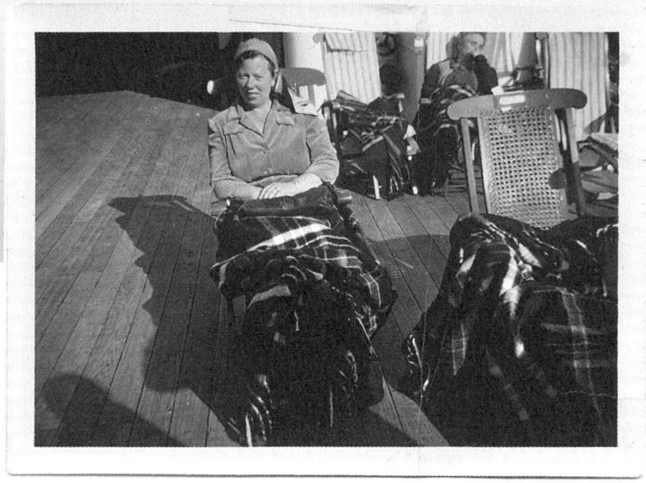

An Bord des Lloyddampfers „Columbus“

Erkennbar:
die große Vorfreude

Nach dreizehn Jahren: Heimatbesuch

Inzwischen aber erreichten uns frohe, hoffnungsvolle Briefe von „drüben". 1936 lädt Deutschland zur Olympiade ein und öffnet sich der internationalen Welt. Mit günstigen Reiseprospekten wirbt auch der NDL, und da die Dollar wieder fleißig „erbacken" worden sind, buchen unsere Bäckersleut für Anfang Juli bis zum 12. September eine Deutschland-Reise.

Nach dreizehn Jahren, Martha ist nun dreißig, schippert sie mit dem Lloyd-dampfer „Columbus" unter der Führung von Kapitän W. Dähne, dem leitenden 1. Offizier F. Poser (und dem Quartermaster Onkel Georg) der Heimatstadt Bremerhaven entgegen.

An Bord laut Passagierliste in der 3. Klasse: Herr William Seegers und Frau. Bereits eine Stunde vor der geplanten Ankunft stand unsere Familie an der Columbuskaje. Schönstes Sommerwetter über uns, viele Menschen und große Betriebsamkeit um uns. Schon begannen die Gartenblumensträuße in unseren Händen zu welken, während viele Schiffe am Horizont auftauchten, sich näherten und vorbeizogen. Endlich war dann doch der riesige „große Pott" in der Ferne erkennbar. Endlich! Schon dampften die Schlepper, ich glaube, einer hieß „Herkules", jene manövrierfähigen „Hafenathleten", dem Dampfer „Columbus" entgegen. Sie nahmen das Überseeschiff an schwere Trossen und bugsierten es wendig und kraftvoll an die Pier. Wir aber suchten derweil unter den vielen rufenden, winkenden Passagieren unsere Martha – und entdeckten sie.
Ein unbeschreibliches Wiedersehen!
In meiner Erinnerung lässt meine Mutter ihre große Tochter gar nicht mehr los aus den Armen. Vater und wir Schwestern waren für eine ganze Weile die am Rande stehenden Angehörigen, die sich mit Willy bekannt machten. Er gefiel uns! „Oh boy", sagte er, „endlich wieder festen Boden unter den Füßen", und berichtete, dass der Dampfer mit dem Bug im Atlantik einen großen Wal verletzte und das Wasser sich rings um das Schiff blutrot gefärbt hätte.

Willy besucht seine Heimatstadt Hameln

Hameln in den 1930er Jahren

Schaurig anzuhören für uns Mädchen! Wir: „Stimmt das?“
„Sure“, sagte der neue Schwager, „nicht gelogen, fragt Martha.“ „Sicher wahr“, sagte diese und drückte uns an sich: „Meine kleinen Schwestern.“
In der Raabestraße an der Haustür empfing ein Blumenkranz mit dem „Herzlich willkommen“-Schild die Heimkehrer. Nachbarn hatten bunte Blumensträuße in den Hausflur gestellt, Butterkuchen stand auf dem Tisch. Welch ein Tag! Und schulfrei hatte ich auch bekommen! „Endlich daheim!“ Martha ging sofort durch die Räume, ihre erste Äußerung: „Mir kommt alles viel kleiner vor als früher!“

Willy blieb zwei Tage, dann zog es ihn nach Hameln. Zum Bahnhof begleitet von der ganzen Familie, und zu unser aller Vergnügen stellten wir fest, dass er nur ausgerüstet war mit Schlafanzug und Zahnbürste. „It is enough für einen Kurzbesuch“, er mischte oft englische Brocken unter seine Sätze. Fünfundzwanzig Lebensjahre in Amerika lagen zwischen seinem Abschied 1911 und diesem ersten Besuch in Hameln. Das Stadtbild aber war das alte geblieben, und so fand der einstige Bäckergeselle, durch vertraute Straßen gehend, den Weg zum Elternhaus. Dort wohnte seit dem Tod der Eltern seine Schwester Anna mit Mann und Tochter. Willy kam überraschend. Sie wussten wohl den Tag der Ankunft in Bremerhaven, aber nicht den Zeitpunkt seines Hameln-Besuches. Wir erfuhren nicht, wie dieses Wiedersehen ablief. Jedenfalls besuchten Anna und Willy gemeinsam das Grab der Eltern, und danach hielt der Gast auf Hamelns historischer Osterstraße und Bäckerstraße Ausschau nach Bekannten seiner Jugendzeit. Dieses vergebliche Unternehmen endete schließlich am Tresen der Bäckerei, in der Willy seine Lehrzeit verbrachte und die er als Konditorgeselle verlassen hatte. In seiner unkomplizierten Art stellte er sich dem Inhaber vor, verließ den Laden mit einer Einladung für Martha und sich und mit ein paar „Hamelner Ratten“ in der Tüte.

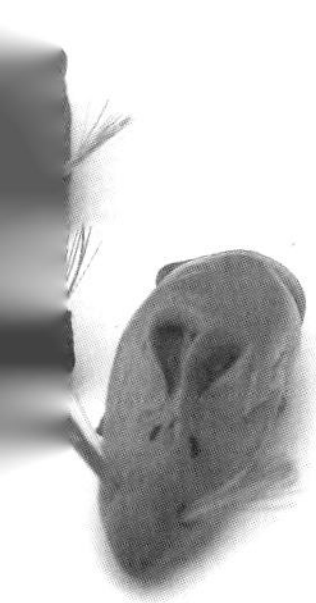

Bremerhavener Freimarkt

Puppchen,
Du bist mein Augenstern,

Puppchen, hab Dich zum Fressen gern!
Puppchen, mein süßes Puppchen, ne, ohne Spaß,
Du hast so was! Puppchen,
Du kannst so reizend sein, Puppchen,
ach wärst Du doch bloß mein Puppchen,
mein süßes Puppchen, so schlag doch ein,
sag nicht nein und werde mein.

Am dritten Tag war Hamelns Hausberg, der „Klüth“, sein Ziel, um die abenteuerlichen Wege der Kindheit wiederzufinden. Mit einem Besuchstermin in der Tasche, verließ er nach ein paar Tagen seine Familie und bestieg den Zug in Richtung Bremerhaven.

Es war Sonntagnachmittag, als Willy bei uns klingelte. Meine Mutter: „Martha ist mit den Mädchen auf dem Bremerhavener Markt.“ Ein Freimarkt, der jährlich ein überregionales, großes Ereignis war. Er erstreckte sich über drei Marktplätze und entlang vieler umliegender Straßen. Willy kam gar nicht erst zum Ablegen in die Wohnung, ließ sich nur den Weg zum Markt erklären und fand tatsächlich uns drei Schwestern in all dem Gedränge auf dem Torfplatz vor einer Schaubude. „Back to Martha“. Mit diesen Worten tippte der Zurückgekehrte seiner Frau auf die Schulter. Erstaunen und Heiterkeit hielten sich die Waage: Unter Willys Arm entdeckten wir seine in die Hamelner Tageszeitung eingerollte „Luxus-Reiseausrüstung“ wieder. Gemeinsam steuerten wir Keuneckes Würstchenbude an. „Erst einmal etwas Gutes essen“, meinte Martha, dann kaufte sie eine große Rolle „Pflastersteine“ für die Eltern und ein paar Zuckerstangen für Käthe und für mich als Trostpflaster wegen des vorzeitigen Verlassens des Trubels. Vorbei an Lamberts romantischer Berg-und-Tal-Bahn zu Füßen der Geestebrücke, spazierten wir nach Geestemünde.
Wie schön war es doch, sich bei der großen Schwester und dem neuen Schwager einzuhaken! Wir alle in der Familie mochten Willy sehr. Er war heiter, hatte eine unbekümmerte Art. Im Duett mit Vater sang er seine alten Schlager vor: „Puppchen, du bist mein Augenstern...“ und viele andere. Von Mutter wünschte er sich Erbsensuppe mit „Snuten un Poten“, aß sie mit großem Appetit und sagte zu seiner Frau: „Martha, diesen Weg kennst du nicht!“ Sie hörte es sich ganz gelassen an.
Als Gegengabe bereitete Willy im Handumdrehen Hefe-Berliner, wie er sagte „Doughnuts“, vor, die Martha dann frisch auf den Kaffeetisch zauberte.

Besuch der Olympiade in Berlin 1936

Sehr viel Besuch sah unser Haus, bis die beiden „Amerikaner" ihre bereits in USA gebuchte 10-Tage-Deutschlandreise antraten, deren Kernpunkt die XI. Olympiade (1. bis 16. August) in Berlin war. Anschließend stand noch einmal Hameln auf dem Programm. Endlich konnte Willy seine Familie und seine alte Heimat vorzeigen.
Marthas Berichten nach soll der Empfang herzlich gewesen sein und die Einladung bei den Bäckersleuten nahrhaft und heiter.
In diesen Tagen knüpften sie auch noch Kontakt mit dem Juwelierehepaar Held. Aus dieser zunächst geschäftlichen Verbindung wurde eine langjährige Freundschaft. Willy blieb noch in Hameln, doch die Geestemünderin zog es zurück ins Elternhaus. Sie hatte großen Nachholbedarf am Daheimsein, genoss die Mutter in der Küche, das Sich-mitteilen-Können, die Vertrautheit. Käthe hatte ihre Martha wieder! Die Bindung zwischen den beiden blieb ein Leben lang besonders herzlich. Zu kurz kam aber auch ich, Hanna, nicht. An mehreren Tagen stand Martha an der Schule, um mich abzuholen. Wer hatte schon eine so große Schwester aus Amerika!

Tante Lotte, ihre Nichte Hanne, Dorfschullehrer Emil Wöhner und Harras mit dem neuen Auto

Schließlich besuchte uns auch Tante Lotte. Sie hatte die Nichte zuletzt Weihnachten 1924 in Hoboken getroffen. Jetzt kam sie aus Westerbeverstedt. Dort lag ihr Bauernhof mitten im Dorf. In jungen Jahren verwitwet, hatte sie nun Magd und Lüttdeern, Knecht und Tagelöhner zur Seite, war aber selbst ihre beste Arbeitskraft. Angesehen bei den Bauern wegen großer Hilfsbereitschaft mit technischen Ackergeräten, sorgte sie auch sonst für Gesprächsstoff. Das erste Auto im Dorf gehörte ihr, sie ließ Nichte Hanne – ihre Magd – und den Dorfschullehrer, Herrn Wöhner, den Führerschein gleich mitmachen. In der „kleinen Stube" stand das neueste Rundfunkgerät, und eines schönen Tages überraschte Lotte die genügsamen Nachbarinnen mit ihrer modernen Dauerwelle. Viele Sommerferien habe ich in Westerbeverstedt verbracht, bei ihr und mit dem lieben Hund Harras.
Herr Wöhner, Mieter im Hause, der lange Zeit an dem Buch „Der Hans im Fußballtor" schrieb, wurde äußerst schonend behandelt. Spielte ich zu laut, gab es Ärger mit der Tante: „Hanna, wees still, Wöhner schriff 'n Roman!"
Auch Martha hatte in den Hungerjahren des Ersten Weltkrieges nahrhafte Schulferien in Westerbeverstedt erleben dürfen. Nun war Vaters Schwester gekommen, um von Amerika und ihrem Sohn Lüder zu hören.
„Lüttje Marie", sagte sie zu meiner Mutter, „nu maak us erstmal 'n goodet Fröhstück!" Sie packte ein großes, selbst gebackenes Schwarzbrot, Mettwurst und Schinken, Butter und Eier auf den Küchentisch und setzte sich zu Martha. – Ein wahrhaft deftiges Wiedersehen! Tante Lotte, ihr Leben wäre eine Geschichte für sich.

Um gemeinsam Tante Mathilde in Lehes Hannastraße 19 mit einem Besuch zu beehren, warteten wir auf den Rückkehrer aus Hameln. Sie besaß ein Klavier und damit stand ein vergnügliches Wiedersehen – dank Willys Freude am Spielen alter Schlager – in Aussicht.
Tante Mathilde, des Quartermasters Georg Cordes' Frau, war meiner Mutters jüngste Schwester. Einstmals – Anfang 1900 – hatte sie in der Familie des Zoologen Carl Hagenbeck in Hamburg als Hausmädchen „die Küche" gelernt. Aus dieser Zeit stammte ihr etwas vornehmes Verhalten – was unserer schlichten Mutter Anlass gab zu der Äußerung: „Tille het' 'n Nagel."
Ich liebte diese Tante sehr. Sie dachte sich schöne Gedichte aus, hatte viele Bücher, und spielen durfte ich mit ihrer Sammlung bunter Postkarten, die sie in Zigarrenkisten verwahrte. Zwei weiß-goldene Porzellanhunde und Muscheln aus aller Welt zierten die Fensterbank. In sechs blanken Käfigen trillerten sechs gelbe Kanarienvögel, und Lora, der bunte Papagei, erfreute sich großer Freiheit im Esszimmer, erkennbar an den allesamt abgeknabberten Lehnen der Eichenholzstühle. Lora lachte wie die Hausfrau und konnte sprechen. Ging die Seemannsfrau mit ihm auf der Straße spazieren, getragen auf dem rechten Zeigefinger, grüßte der Vogel jeden Vorübergehenden mit „Guten Morgen, Frau Cordes". Wir zwei sangen zusammen „Hänschen klein", und den Gassenhauer vom Klapperstorch, dem dummen Vieh, hatten Wanda und Willy, Ehepaar Cordes' erwachsene Kinder, mit ihm einstudiert. – Lora, ein Meister im Nachahmen. Er kam leider im Krieg ums Leben.

Aus: William Shirer, „Aufstieg und Fall der Dritten Reiches“

Die Rassengesetze, durch welche die Juden aus dem deutschen Gemeinwesen ausgeschlossen wurden, erschienen einem ausländischen Beobachter als erschreckender Rückfall in primitive Zeiten. Aber da die nationalsozialistischen Rassentheorien aus den Deutschen das Salz der Erde und das Herrenvolk machten, waren sie alles andere als unpopulär. Man traf freilich auch Deutsche – ehemalige Sozialisten oder Liberale oder gläubige Christen –, die über die Judenverfolgung entsetzt waren oder sich sogar offen empörten, und wenn sie auch in zahlreichen Einzelfällen Hilfe leisteten, so konnten sie doch die Flut nicht eindämmen. Was sollten sie machen? Diese Frage wurde einem oft entgegengehalten, und es war nicht leicht, sie zu beantworten.

Aus ihrer zensierten Presse und dem Rundfunk hörten die Deutschen nur wenig von der Empörung im Ausland, die, wie sie feststellten, die Ausländer nicht davon abzuhalten schien, scharenweise das Dritte Reich zu besuchen. Das Touristengeschäft blühte und brachte Hitler die so dringend benötigten Devisen ein.

Die im August 1936 in Berlin abgehaltenen Olympischen Spiele boten den Nationalsozialisten eine großartige Gelegenheit, der Welt die Leistungen des Dritten Reiches vor Augen zu führen, und sie nahmen sie aufs Beste wahr. Die Schilder „Juden unerwünscht“ wurden stillschweigend von Läden, Hotels, Restaurants und Vergnügungsstätten entfernt, die Verfolgung der Juden und der beiden Kirchen wurde vorübergehend ausgesetzt und die beste Seite des Landes hervorgekehrt. Nie zuvor waren Olympische Spiele so glänzend organisiert worden, noch hatte es jemals ein so verschwenderisches Aufgebot an Unterhaltung gegeben. Göring, Ribbentrop und Goebbels gaben für die ausländischen Gäste blendende Empfänge – Goebbels veranstaltete auf der Pfaueninsel im Wannsee eine „Italienische Nacht“, bei der mehr als tausend Gäste zum Festmahl geladen waren, eine Szene wie aus Tausendundeine Nacht. Die fremden Besucher, vor allem aus England und Amerika, waren von dem, was sie sahen, stark beeindruckt: anscheinend ein glückliches, gesundes, freundliches, von Hitler geeintes Volk – ein ganz anderes Bild, als sie es sich, wie sie meinten, aus den Zeitungsberichten aus Berlin gemacht hätten.

Und doch, unter der Oberfläche, vor den Augen der Touristen verborgen, die in jenen schönen Spätsommertagen der Olympischen Spiele Berlin besuchten, von den meisten Deutschen übersehen oder mit bestürzender Passivität hingenommen, ging eine – zumindest für die Begriffe eines ausländischen Beobachters entwürdigende – Verwandlung des deutschen Lebens vor sich.

(Forts. auf S. 72)

Der Aufenthalt unserer Gäste neigte sich dem Ende zu. Sie waren wieder vereint in der „Stadt am Meer". Alle Besuche waren durchgestanden. Viel Einkaufsgut für „drüben" (hauptsächlich Porzellan) stand reisefertig verpackt in einer Ecke. Den Spruch „Heimat ist, wo das Herz ist" hatte Martha gerahmt entdeckt, und auch er sollte mit nach Amerika. Ruhe kehrte ein im Elternhaus; nun blieb Zeit zum Erzählen, zum Sich-Besinnen.

Martha und Willy hatten ein verändertes Deutschland vorgefunden. Sie waren auch nicht vorbehaltlos auf diese Heimatreise gegangen, denn seit der Machtübernahme Hitlers 1933 bereiteten ihnen die Berichte der amerikanischen Medien über die Zustände im nationalsozialistischen Deutschland großes Unbehagen. Mutters Post war nur familiär ausgerichtet gewesen. Nie wurde etwas über politische Ereignisse, geschweige denn von Ängsten, Terror und Verfolgung erwähnt. Höchstens berichtete die Schreiberin vom sonntäglichen Eintopfessen, und sie ließ auch das populäre NS-Schlagwort „Gemeinnutz geht vor Eigennutz" nicht unerwähnt, aber wie gesagt, meine Mutter verhielt sich neutral. Besonders an der Politik interessierte Personen waren „unsere Amerikaner" aber auch nicht. Sie hatten sich als junge Menschen im fremden Land behaupten müssen, sich dem amerikanischen Arbeitstempo angepasst, waren mit Fleiß und Ausdauer den eigenen, wirtschaftlichen Krisen begegnet – und schließlich wanderten über viele lange Jahre auch noch immer ein paar ersparte Dollar über den Ozean.

Nun waren sie in Berlin Gäste einer großartigen Olympiade gewesen. Viele amerikanische Touristen trafen sie auf vorgeplanten Festen und Veranstaltungen. Mit ihnen teilten sie die Begeisterung über das gastfreundliche Berlin und die anscheinend zufriedene Bevölkerung. An mehreren Tagen hatten sie im Stadion als mitgerissene Zuschauer Leistungen und Ehrungen erlebt.
In der vom 1. bis 16. August dauernden XI. Olympiade, an der 49 Nationen

Aus: William Shirer, „Aufstieg und Fall der Dritten Reiches"

(Forts. von S. 70)

Hitlers Judengesetze oder die von der Regierung gelenkte Verfolgung dieses unglücklichen Volkes ließen sich natürlich nicht verbergen. Die sogenannten Nürnberger Gesetze vom 15. September 1935 hatten den Juden die deutsche Staatsangehörigkeit genommen. Sie untersagten auch Eheschließungen sowie außereheliche Beziehungen zwischen Juden und „Ariern"; sodann durften Juden keine weiblichen Hausangestellten „deutschen oder artverwandten Blutes" unter 45 Jahren beschäftigen. In den nächsten Jahren erfuhren die Nürnberger Gesetze noch dreizehn Ergänzungen, durch die die Rechtlosigkeit der Juden besiegelt wurde. Aber bereits in jenem Sommer 1936, als Deutschland als Gastgebernation der Olympischen Spiele die Besucher aus dem Westen entzückte, waren die Juden entweder durch Gesetz oder durch Terror – wobei der Terror häufig dem Gesetz voraneilte – in einem Maße aus öffentlichen Ämtern und privaten Berufen ausgeschlossen worden, dass mindestens die Hälfte brotlos war. Im ersten Jahr des Dritten Reiches, 1933, waren sie aus der Verwaltung, dem Journalismus, dem Rundfunk, dem Theater, dem Film, aus landwirtschaftlichen und Lehrberufen vertrieben worden. 1934 wurden sie von der Börse ausgeschlossen, und wenn auch das Verbot, sich als Rechtsanwälte, Ärzte oder Geschäftsleute zu betätigen, erst 1938 Gesetz wurde, so waren sie doch praktisch aus diesen Berufen schon entfernt, als die ersten vier Jahre der NS-Herrschaft zu Ende gingen.

Darüber hinaus wurden ihnen nicht nur die meisten Annehmlichkeiten des Lebens, sondern oft wurde ihnen auch das Lebensnotwendige vorenthalten. In so mancher Stadt war es für Juden schwierig, wenn nicht unmöglich, Lebensmittel einzukaufen. An den Türen von Lebensmittelläden, Fleischereien, Bäckereien und Milchgeschäften hingen Schilder „Für Juden kein Zutritt". In vielen Gemeinden konnten Juden nicht einmal Milch für ihre Kinder bekommen. Es gab Apotheken, in denen sie keine Arznei erhielten, Hotels, in denen sie nicht übernachten durften. Und überall stießen sie auf Schilder wie: „In dieser Stadt ist Juden der Zutritt streng verboten", „Juden betreten diesen Ort auf eigene Gefahr". Vor einer scharfen Straßenkurve bei Ludwigshafen hing ein Schild: „Vorsicht! Scharfe Kurve! Juden 100 km!" So sah es zu der Zeit, in der in Deutschland festlich die Olympischen Spiele abgehalten wurden, mit der Not der Juden aus. Doch sie standen erst am Anfang des Weges, der sie bald dem Massaker, ihrer Ausrottung entgegenführen sollte.

beteiligt waren, gab es 33 Goldmedaillen für Deutschland, 24 für die USA, 10 für Ungarn. Der große Bericht darüber in der Nordwestdeutschen Zeitung verschwand mit im Reisegepäck.

An dieser Stelle möchte ich als Zitat übernehmen, was der Autor William Shirer, 1904 in Chicago geboren, über die Zeit der Olympischen Spiele 1936 in seinem Buch „Aufstieg und Fall des Dritten Reiches, Bd. I, schrieb.
Zur Person Shirers ein Ausschnitt aus dem Klappentext:
„Als Korrespondent in Berlin, wo er sich zwischen 1935 und 1941 fast ständig aufhielt, war er einer der wichtigsten ausländischen Berichterstatter. Ihm wurde überall Zugang gewährt. So erlebte Shirer Hitlers Politik und Deutschlands Weg in die Katastrophe aus nächster Nähe mit."

Am Ende der Besuchstage in der alten Heimat stand noch eine Fahrt mit dem Schreiber-Dampfer nach Bremen auf dem Plan. In der Passagierliste des Schnelldampfers „Columbus" lud der Norddeutsche Lloyd mit äußerst neutraler Werbung in die schöne alte Hansestadt ein. Also machte Schwager Willy einen Kassensturz und befand, dass die Familie gemeinsam diesen Tag auf der Weser erleben sollte. War es die „Deutschland", war es die „Ozeana"? Ich weiß es nicht mehr. Jedenfalls stiegen wir mit geschmierten Butterbroten bei den Tiergrotten auf den Raddampfer. Eine lange gemütliche Fahrt mit etlichen Zwischenstationen – und mein Vater praktizierte Heimatkunde pur, wobei er die Bremer Schweiz bei St. Magnus und um Vegesack herum als eine der schönsten Gegenden Deutschlands pries. In Bremen übernahm Vater die Stadtführung zum Marktplatz mit den schönen historischen Bauten, zeigte uns den Roland und natürlich die Stadtmusikanten, darüber hinaus sehe ich mich in der Erinnerung auf Karstadts modernen Rolltreppen das Rauf- und Runterfahren spielen.

Martha, Mutter, Hanna und Käthe

Ausflug mit einem Schreiber-Dampfer von den Tiergrotten nach Bremen

Einmal noch wünschte Martha,
mit ihren kleinen Schwestern
über „unseren" Weserdeich
zu spazieren, sich den Wind
um die Ohren wehen lassen,
den weiten Horizont sehen.
„Dieses Bild", sagte sie,
„hat mich begleitet, wenn
ich an zu Hause dachte.
Nun bin ich hier und zufrieden.
Dennoch zieht es mich wieder zurück nach „drüben".
Siebzehn Jahre verbrachte ich in Geestemünde, dreizehn in Amerika,
ich habe zwei Zuhause." Sie versuchte, uns ihre Stimmung zu erklären.
Noch heute weiß ich, auf welcher Bank zwischen der Strandhalle und dem Weserbad wir mit unserer großen Schwester saßen.

Als Abschiedsgeschenk ließ Martha zwei moderne Stahlbetten in unser Mädchenschlafzimmer stellen. Bis dahin hatten Käthe und ich gemeinsam in einem großen Bauernbett „gewohnt".
„Eten un drinken hölt Liev un Seel tosamen, beter as'n isern Band!"
Hinter diesem Spruch versteckte meine Mutter ihre Abschiedstraurigkeit und packte alle Zuneigung in leckere Mahlzeiten. Dafür schleppte mein Vater frisches Sommergemüse, neue Kartoffeln und Beeren aus unseren beiden Gärten in die Küche. Deftige „Hausmannskost", deren Rezepte Käthe für „drüben" in ein Oktavheft schrieb.

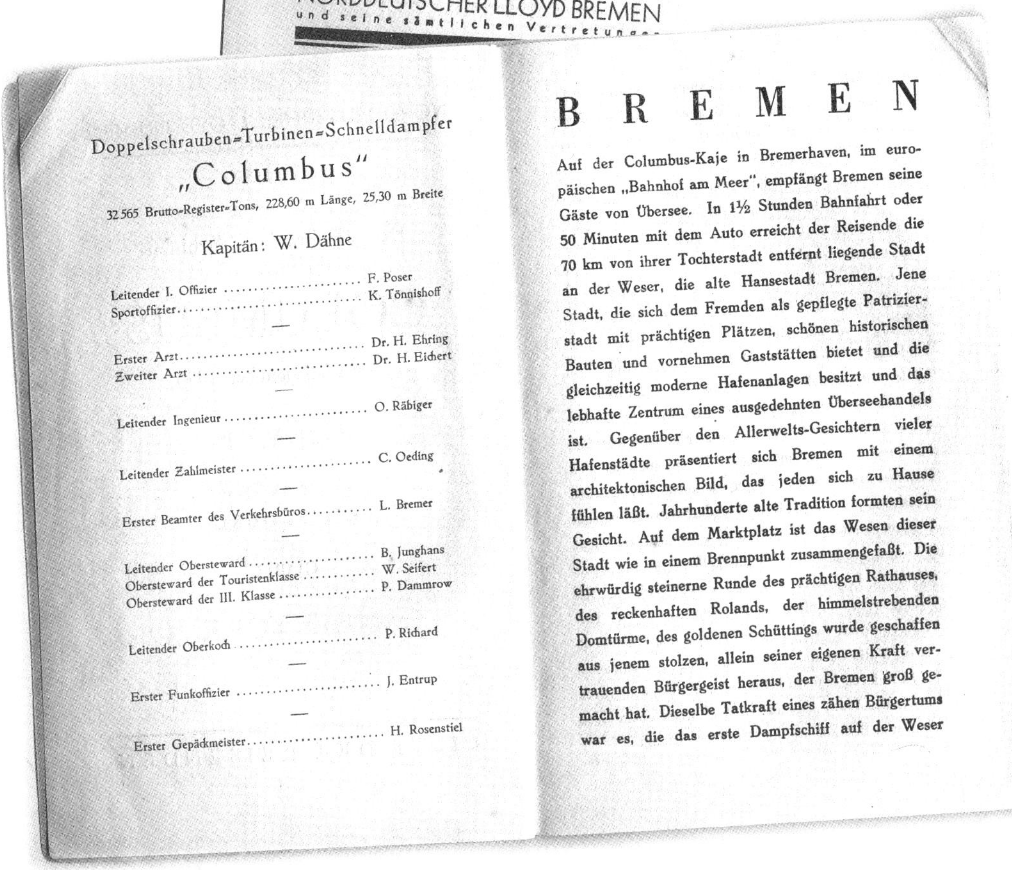

Doppelschrauben-Turbinen-Schnelldampfer

„Columbus"

32 565 Brutto-Register-Tons, 228,60 m Länge, 25,30 m Breite

Kapitän: W. Dähne

Leitender I. Offizier .... F. Poser
Sportoffizier .... K. Tönnishoff

—

Erster Arzt .... Dr. H. Ehring
Zweiter Arzt .... Dr. H. Eichert

—

Leitender Ingenieur .... O. Räbiger

—

Leitender Zahlmeister .... C. Oeding

—

Erster Beamter des Verkehrsbüros .... L. Bremer

—

Leitender Obersteward .... B. Junghans
Obersteward der Touristenklasse .... W. Seifert
Obersteward der III. Klasse .... P. Dammrow

—

Leitender Oberkoch .... P. Richard

—

Erster Funkoffizier .... J. Entrup

—

Erster Gepäckmeister .... H. Rosenstiel

B R E M E N

Auf der Columbus-Kaje in Bremerhaven, im europäischen „Bahnhof am Meer", empfängt Bremen seine Gäste von Übersee. In 1½ Stunden Bahnfahrt oder 50 Minuten mit dem Auto erreicht der Reisende die 70 km von ihrer Tochterstadt entfernt liegende Stadt an der Weser, die alte Hansestadt Bremen. Jene Stadt, die sich dem Fremden als gepflegte Patrizierstadt mit prächtigen Plätzen, schönen historischen Bauten und vornehmen Gaststätten bietet und die gleichzeitig moderne Hafenanlagen besitzt und das lebhafte Zentrum eines ausgedehnten Überseehandels ist. Gegenüber den Allerwelts-Gesichtern vieler Hafenstädte präsentiert sich Bremen mit einem architektonischen Bild, das jeden sich zu Hause fühlen läßt. Jahrhunderte alte Tradition formten sein Gesicht. Auf dem Marktplatz ist das Wesen dieser Stadt wie in einem Brennpunkt zusammengefaßt. Die ehrwürdig steinerne Runde des prächtigen Rathauses, des reckenhaften Rolands, der himmelstrebenden Domtürme, des goldenen Schüttings wurde geschaffen aus jenem stolzen, allein seiner eigenen Kraft vertrauenden Bürgergeist heraus, der Bremen groß gemacht hat. Dieselbe Tatkraft eines zähen Bürgertums war es, die das erste Dampfschiff auf der Weser

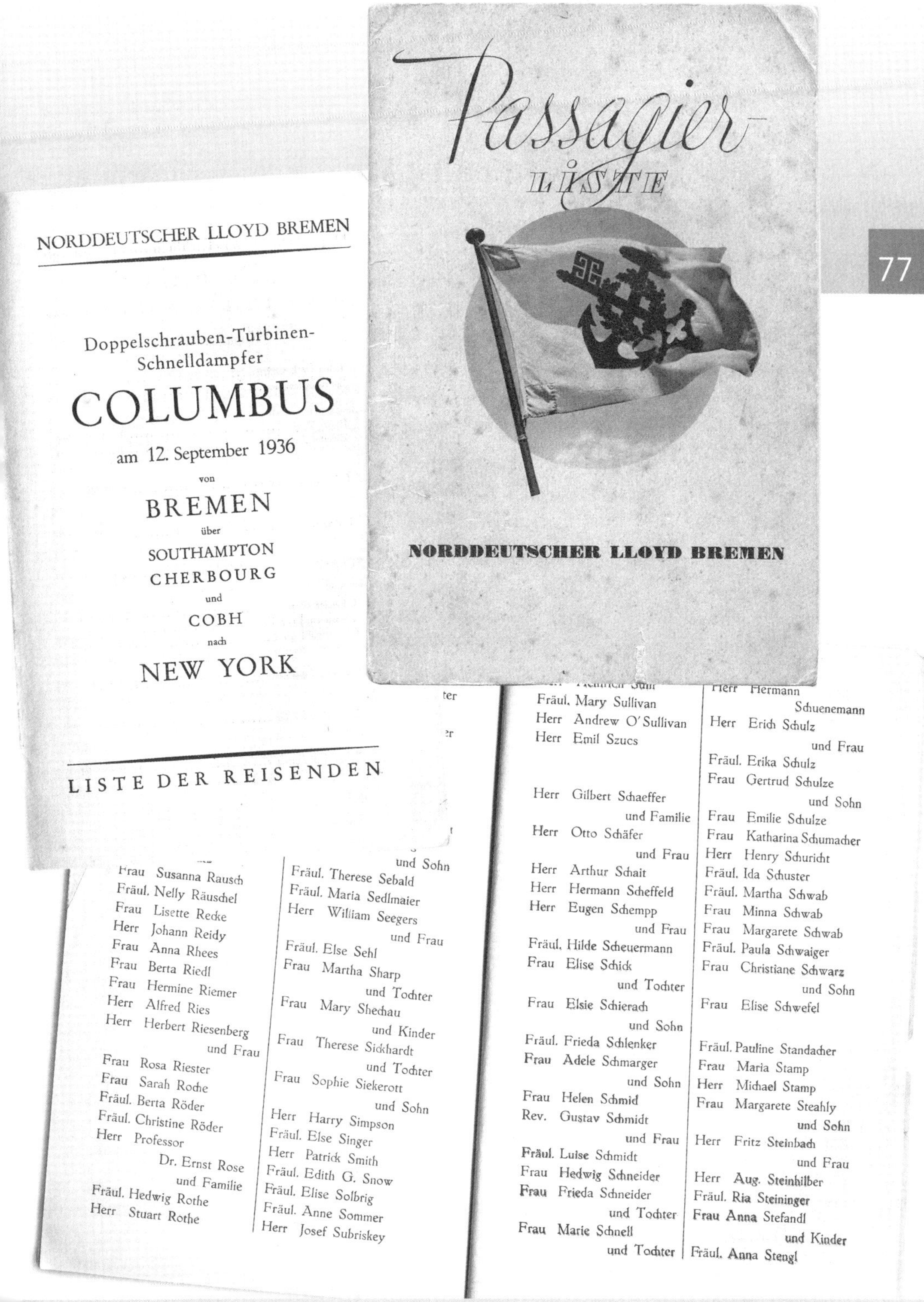

Passagier-Liste

NORDDEUTSCHER LLOYD BREMEN

NORDDEUTSCHER LLOYD BREMEN

Doppelschrauben-Turbinen-
Schnelldampfer

COLUMBUS

am 12. September 1936

von

BREMEN

über

SOUTHAMPTON

CHERBOURG

und

COBH

nach

NEW YORK

LISTE DER REISENDEN

Frau Susanna Rausch
Fräul. Nelly Räuschel
Frau Lisette Recke
Herr Johann Reidy
Frau Anna Rhees
Frau Berta Riedl
Frau Hermine Riemer
Herr Alfred Ries
Herr Herbert Riesenberg
und Frau
Frau Rosa Riester
Frau Sarah Roche
Fräul. Berta Röder
Fräul. Christine Röder
Herr Professor
Dr. Ernst Rose
und Familie
Fräul. Hedwig Rothe
Herr Stuart Rothe

und Sohn
Fräul. Therese Sebald
Fräul. Maria Sedlmaier
Herr William Seegers
und Frau
Fräul. Else Sehl
Frau Martha Sharp
und Tochter
Frau Mary Sheehan
und Kinder
Frau Therese Sickhardt
und Tochter
Frau Sophie Siekerott
und Sohn
Herr Harry Simpson
Fräul. Else Singer
Herr Patrick Smith
Fräul. Edith G. Snow
Fräul. Elise Solbrig
Fräul. Anne Sommer
Herr Josef Subriskey

Fräul. Mary Sullivan
Herr Andrew O'Sullivan
Herr Emil Szucs

Herr Gilbert Schaeffer
und Familie
Herr Otto Schäfer
und Frau
Herr Arthur Schait
Herr Hermann Scheffeld
Herr Eugen Schempp
und Frau
Fräul. Hilde Scheuermann
Frau Elise Schick
und Tochter
Frau Elsie Schierach
und Sohn
Fräul. Frieda Schlenker
Frau Adele Schmarger
und Sohn
Frau Helen Schmid
Rev. Gustav Schmidt
und Frau
Fräul. Luise Schmidt
Frau Hedwig Schneider
Frau Frieda Schneider
und Tochter
Frau Marie Schnell
und Tochter

Schuenemann
Herr Erich Schulz
und Frau
Fräul. Erika Schulz
Frau Gertrud Schulze
und Sohn
Frau Emilie Schulze
Frau Katharina Schumacher
Herr Henry Schuricht
Fräul. Ida Schuster
Fräul. Martha Schwab
Frau Minna Schwab
Frau Margarete Schwab
Fräul. Paula Schwaiger
Frau Christiane Schwarz
und Sohn
Frau Elise Schwefel

Fräul. Pauline Standacher
Frau Maria Stamp
Herr Michael Stamp
Frau Margarete Steahly
und Sohn
Herr Fritz Steinbach
und Frau
Herr Aug. Steinhilber
Fräul. Ria Steininger
Frau Anna Stefandl
und Kinder
Fräul. Anna Stengl

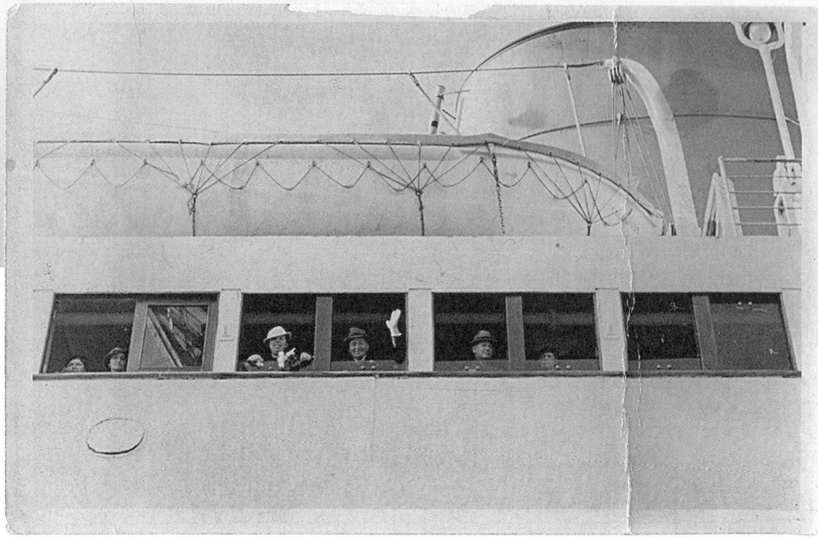

Abschied am 16. September 1936

MUSS I DENN, MUSS I DENN ZUM STÄDTELE HINAUS

Abschied von Bremerhaven – Ankunft in New York

Der Kalender zeigte Montag, den 16. September 1936, als wir, Freunde und Verwandte, unsere Reisenden mit ihrem Handgepäck an Bord des Lloyddampfers. „Columbus“ brachten. Die großen Gepäckstücke waren bereits an Deck gehievt, und nun blieb Zeit, nach der Kabine zu suchen, Zeit, sich an Bord umzusehen. Dort allerdings herrschte großes Gedränge. Da mischten sich Schiffsabfertiger, Besatzungsmitglieder, Angehörige und Schaulustige zu einem bunten quirligen Volk auf den Gängen der Decks. Lieber suchten Käthe und ich die Geborgenheit der Kabine auf, wo die Gespräche sich um Abschiednehmen und Wiederkommen drehten. „In spätestens drei Jahren besuchen wir euch wieder“, damit versuchte Martha die Trennung zu erleichtern. Sie saß mit meiner Mutter auf dem Bettrand, bis ein lautes Signal alle Besucher aufforderte, das Schiff zu verlassen.

Schließlich fanden wir uns an Land im Pulk der Zurückbleibenden wieder. Große Kräne hoben die Gangways ab, Festmacher lösten die Leinen, Schlepper bugsierten das große Schiff von der Kaje ins Fahrwasser. Martha und Willy hatten sich einen guten Platz an der Reling unter einem hängenden Rettungsboot erobert, und wie einst vor dreizehn Jahren begleitete die Bordkapelle mit „Nun ade...“ und „Muss i denn...“ die Ausfahrt.

An diesem Tag aber schien die Sonne, und wir winkten mit großen, bunten Tüchern lange Zeit dem immer kleiner werdenden Schiff, der längst nicht mehr erkennbaren, von der alten Heimat in die neue Heimat fortziehenden Martha nach.

Zurückgekehrt in unser still gewordenes Zuhause, ließen Gespräche, Erinnerungen und Geschenke eine ganze Weile diesen besonderen Besuch gegenwärtig sein. Längst hatten die Eltern sich mit der Tatsache abgefunden, dass ihrer Tochter an der Seite des Ehemannes im fernen Amerika Wurzeln gewachsen waren. Der in diesem Zusammenhang oft angewandte Satz: „Wie gut, dass wir euch noch haben!“, nahm Käthe und mich in die Pflicht, meistens hilfsbereit und fröhlich, besonders Mutters Traurigkeit aufzufangen.

3.-Klasse-Kabine auf Schnelldampfer „Columbus“

Die große Gesellschaftshalle

Alle Räume für die Passagiere waren üppig ausgestattet, der Lloydservice weltbekannt. Das alles fand gerade beim amerikanischen Publikum großen Anklang

Vor dem New Yorker Hafengebiet

Indes ließen sich unsere Reisenden auf dem Dampfer verwöhnen. Zwei unter 1463 Passagieren, wie aus der Personenliste zu ersehen ist.
Da derzeit auf den großen Lloyddampfern das Verhältnis Fahrgäste – Besatzungsmitglieder etwa zwei zu eins war, soll es eine vorzügliche Behandlung auf den Überseeschiffen gegeben haben. „Wie im Schlaraffenland", schrieb Martha in ihrem Bordbrief an zu Hause.
Mit ihrem Abschied von dem Lloyddampfer „Columbus" verließen die beiden ein letztes Stück Deutschland, dessen wahres politisches Gesicht ihnen als Touristen fast immer verborgen geblieben war.
„Nice to see you!" und „Can I help you?" Viele Freunde standen an der Pier und begrüßten die Ankommenden herzlich. Das Land des demokratischen Präsidenten Franklin D. Roosevelt, dessen Wiederwahl 1936 erfolgte, nahm die Zurückkehrenden wieder auf. Erst einmal holten sie ihren lieben Hund Buster von Freunden, danach tauchten sie ein in die Backstube, öffneten das Geschäft und lockten ihre alten Kunden mit den nach Bremerhavener Rezepten gebackenen Butterkuchen wieder in den Laden. Auch des Meisters gutes Brot „ging weg wie warme Semmel". (Zitat aus Marthas Brief.)
Noch einmal war die alte Heimat gegenwärtig, nämlich als die vorausgesandte Geschirr- und Bücherkiste eintraf und alles einen neuen Platz im amerikanischen Hause bekam.

Luftschiff „Hindenburg“
explodiert in Lakehurst

Luftschiff „Hindenburg“
über Bremerhaven

Ausschnitt aus der Nordwestdeutschen Zeitung vom 7. Mai 1937

Augenzeugenbericht über die Luftschiffkatastrophe

Der am Schauplatz der Unglücksstätte weilende Berichterstatter des deutschen Nachrichtenbüros übermittelt folgenden Drahtbericht: „Ich war selbst Augenzeuge der unfassbaren Katastrophe des LZ. „Hindenburg“. Ich war mit einigen Deutschen und amerikanischen Freunden im Kraftwagen nach Lakehurst unterwegs, als wir gegen 18 Uhr New Yorker Zeit in von wiederholtem Platzregen begleiteten Wetter den deutschen Luftriesen in gleicher Fahrtrichtung, wie wir sie einhielten, etwa in Höhe der atlantischen Küste fahren sahen. LZ. „Hindenburg“ entschwand dann aber unseren Blicken, um erst wieder am Horizont aufzutauchen, als unser Kraftwagen in Lakehurst eintraf. Nach etwa einstündigem strömenden Regen – es war dabei sehr schwül – erschien das Luftschiff, aus südöstlicher Richtung kommend, und traf gegen 19.15 Uhr Anstalten zur Landung. Zweimal ließ LZ. „Hindenburg“ Wasserballast ab, und dann fielen aus der Borderspitze nacheinander zwei Landungstaue zur Erde.

Alles nahm einen ordnungsmäßigen Verlauf und man hatte den Eindruck eines geradezu vorbildlich ausgeführten Landungsmanövers. Um 19.23 Uhr aber schoss plötzlich aus vielleicht mittlerer Höhe des Hinterschiffes eine Stichflamme heraus. Dann folgte ein dumpfer Knall. In Bruchteilen einer Sekunde war das Hinterschiff in ein einziges Flammenmeer verwandelt, und die Feuergarben erfassten sofort auch das ganze Schiff, das langsam zu Boden sank und ausbrannte. Ich selbst befand mich etwa 150 Meter vom Untermast entfernt. Die Flughöhe des Luftschiffes, das mit abgedrosselten Motoren fuhr, durfte im Augenblick der Katastrophe 50 bis 75 Meter betragen haben.

Tapfere Rettungsversuche

Ein amerikanischer Fahrgast namens Herbert James Kaughlen aus Chicago sprang noch im letzten Augenblick aus dem Fenster und kam so mit dem Leben davon. Ebenso haben sich zwei Stewards und ein Kajütenjunge durch Sprung aus dem Gondelfenster retten können. Die halbe Mannschaft, die in dem Augenblick das Auswerfen der Seile erwartete, stob, als die Stichflamme aus dem Schiffsleib herausschoss und der Mannschaftsführer „Rettet euch“ schrie, entsetzt nach allen Richtungen auseinander. Eine Abteilung Soldaten aus Philadelphia, die als Reservemannschaft für die Landung bereitstand, machte sich in fieberhafter Eile an die Rettungsarbeiten.

Mit bewunderungswürdigem Mut stürzten sich die Soldaten, ehe noch die Flammen gelöscht waren, in den brennenden und rauchenden Trümmerhaufen, um zu retten was noch zu retten war.

In Guttenberg, New Jersey

Es ist mir nicht bekannt, ob die Bäckerei eine „Goldgrube" war. Immerhin brachte das Unternehmen soviel Geld ein, dass in Breton Woods (New Jersey), an der Buckingham Rd., ein Grundstück mit größerem Bungalow ihr Eigen war. Dort verbrachten sie die Wochenenden. Die nächstgrößere Stadt war Lakehurst, auf dessen Flugplatz am Abend des 6. Mai 1937 das deutsche Luftschiff „Hindenburg" bei der Landung explodierte. Diese große Katastrophe erlebten Martha und Willy als Augenzeugen mit.

1938/39 griff Hitlers Europa-Politik tief ein in das Leben des Bäckerehepaares. Ihr Geschäft wurde boykottiert. Es lag in einem Stadtgebiet, in dem überwiegend tschechische Einwanderer lebten.
Nach dem Anschluss Österreichs an Deutschland, den „Heim-ins-Reich"-Parolen und der geplanten Zerschlagung der Tschechoslowakei, die im März 1939 mit dem Einmarsch deutscher Truppen in Prag ihren Abschluss fand, blieben die Kunden dem Bäckerladen fern. Die amerikanischen Korrespondenten hatten genaueste Informationen von Hitlers Machenschaften über den Atlantik geholt und weitestgehend in ihren Medien verbreitet. Haus und Geschäft wurden verkauft. Des Ehepaars neue Adresse lautete nun: 70. Park Ave, Guttenberg, New Jersey. Von dort aus planten sie die 1936 versprochene Deutschland-Reise für Ende September mit der „Bremen".

Meine Mutter schrieb am 22. August 1939: „Auf baldiges, frohes Wiedersehen.“ Diese Karte lag bei Marthas Erinnerungsstücken. Es sollte die letzte Nachricht von zu Hause vor dem Beginn des Zweiten Weltkrieges (1. September 1939) bleiben.

Über den Lloyddampfer „Bremen", der am 22. August 1939 zu seiner 187. Reise Bremerhaven verließ und den Hafen von New York am 28. August erreichte, schrieb Harry Gabcke in seinem Buch „150 Jahre Bremerhaven", Verlag Ditzen und Co., 1976:

Der Vier-Schrauben-Turbinenschnelldampfer „Bremen" hatte eine Länge von 286 m, war 31 m breit und maß 51.656 Tonnen. Die technische Ausrüstung entsprach dem neuesten Stand. Das Schiff konnte über 2200 Passagiere befördern, die Besatzung bestand aus 1000 Mann. Ausstattung und Einrichtung des Schiffes boten jeden Komfort. In 10 Jahren fuhr die „Bremen" 186mal von Bremerhaven nach New York und zurück. Die „Bremen" verließ am 22. August 1939 bei ihrer 187. Reise zum letzten Mal Bremerhaven zu einer normalen Fahrt mit 1672 Passagieren nach New York, das sie am 28. August erreichte. Die Drohung des bevorstehenden Krieges lag in der Luft. Kein Passagier durfte an Bord.
Nach 36stündiger Zwangspause, in der das Schiff nach Waffen und Munition durchsucht wurde, erteilten die Amerikaner die Ausreisegenehmigung. Die „Bremen" fuhr vor Neufundland, als die Nachricht vom Kriegsbeginn kam. Der Heimatkurs wurde auf

16. März 1941: die ausgebrannte „Bremen" an der Columbuskaje

Richtung Schottland geändert. Da mit Torpedo- und Luftangriffen zu rechnen war, wurden die Sicherheitsmaßnahmen verstärkt. Ein Brandkommando erhielt den Befehl, das Schiff anzuzünden, falls es von den Feinden aufgebracht werden sollte. Aus dem strahlenden Passagierschiff wurde ein grau getünchtes, nachts abgedunkeltes Geisterschiff. Am 6. September 1939 erreichte die „Bremen", ohne bis dahin von den Engländern bemerkt worden zu sein, den russischen Hafen von Murmansk. Der größte Teil der Besatzung fuhr auf dem Landweg in die Heimat. Am 10. Dezember 1939 begann mit einer ausgesuchten Mannschaft unter Kommodore Adolf Ahrens der zweite Durchbruch. Wieder gelang das Kunststück, die britische Sperrzone im Nordmeer und in der Nordsee unbemerkt zu durchbrechen. Am 13. Dezember 1939 erreichte die „Bremen" glücklich ihr Ziel, die Columbuskaje von Bremerhaven.

Am 16. März 1941 stand die „Bremen", die mit so großem Einsatz und seemännischem Können gerettet worden war, an ihrem Liegeplatz an der Columbuskaje in hellen Flammen. Ein Schiffsjunge soll den Brand gelegt haben, um sich wegen einer Ohrfeige zu rächen. Die „Bremen" brannte vollständig aus.

An dieser Stelle halte ich es für wichtig, auch das Schicksal des Lloyddampfers „Columbus", aufgeschrieben von Wolfgang Thode, vor dem Vergessen zu bewahren:

Die Versenkung des D. „Columbus"
Im August 1939 befand sich der „Columbus" mit etwa 800 vorwiegend amerikanischen Passagieren auf einer Kreuzreise in der Karibik. Wegen der drohenden Kriegsgefahr wurde Havanna auf Kuba angelaufen, damit von dort die Passagiere auf Kosten der Reederei nach Hause befördert werden konnten.

19. Dezember 1939: Der Lloyddampfer „Columbus“ brennt fast auf ganzer Länge, aber erst nach 14 Stunden versinkt das Schiff in den Fluten

Am 3. September erreichte das Schiff die Reede von Vera Cruz, Mexiko, wo es bis zum 14. Dezember vor Anker lag, um dann den Durchbruch nach Deutschland zu versuchen. Schon bald folgten zwei amerikanische Zerstörer und beschatteten das völlig abgeblendete Schiff. Am 19. Dezember wurden die beiden Zerstörer von dem amerikanischen Kreuzer „Tuscaloosa“ abgelöst. Am Nachmittag des Tages erschien der kanadische Zerstörer „Hyperion“ und forderte den „Columbus“ zum Stoppen auf. Ein Schuss vor den Bug bekräftigte den Befehl. Da befahl der Kapitän des „Columbus“, Kapitän Dähne, das Schiff zu versenken. Das Schiff wurde in Brand gesetzt und die Flutventile geöffnet. Die Besatzung ging in die Rettungsboote, und der amerikanische Kreuzer nahm die etwa 580 deutschen Seeleute 380 Meilen östlich Kap Hatteras, also etwa 400 Meilen südöstlich von New York, an Bord. Am Abend des 20. Dezember 1939 lief der Kreuzer „Tuscaloosa“ in den New Yorker Hafen ein.

Die Besatzung des „Columbus“ wurde auf die Einwandererinsel Ellis Island gebracht. Die Weihnachtstage gingen trostlos vorüber. Jeder fühlte sich wie im Gefängnis. 572 Mann vom „Columbus“ wurden am 14. Januar 1940 per Eisenbahn nach San Franzisco transportiert, um auf der Immigrations-Station Angel Island interniert zu werden. 35 Besatzungsangehörige, die das Wehrdienstalter überschritten hatten oder noch zu jung waren, konnten schon am 29. Februar 1940 die Heimreise nach Deutschland mit dem italienischen Motorschiff „Fella“ antreten, wurden jedoch von den Engländern in Gibraltar oder von den Franzosen auf hoher See von Bord geholt. 32 von ihnen haben in Marokko bis 1945 unter schlechten Bedingungen aushalten müssen. Das Gros der Besatzung des „Columbus“ verbrachte etwa fünfeinhalb Kriegsjahre in Fort Stanton an der mexikanischen Grenze, wurde im September 1945 im Zuchthaus nahe Ludwigsburg „zwischeninterniert“ und sah Anfang 1946 die Heimat wieder „nach einer zwar abenteuerreichen Zeit, aber sie waren so den Gefahren und Schrecken des 2. Weltkrieges entkommen“.

Heinz' Vater,
mein Onkel Hinrich Tegeder

Heinz mit Mutter und Geschwistern

Heinz' Zwillingsbrüder

Nebenschauplatz Island

Vetter Heinz Tegeder,
der Fischdampfermatrose

Zunächst unterbrach der Krieg die Postverbindung zwischen „hüben" und „drüben". Zunächst! Denn an dieser Stelle möchte ich eine Begebenheit einflechten, durch die meine Leser sich zwar plötzlich in einer ganz überraschend anderen Geschichte befinden, die jedoch zu einem hilfreichen Netzwerk für gelegentliche Lebenszeichen zwischen Martha und uns wurde und deswegen erzählt werden muss.

Unser Vetter Heinz Tegeder, Jahrgang 1911, Mutters Patenjunge, fuhr als Matrose auf einem Geestemünder Fischdampfer zur See. 1936, nach einem Unfall mit dem Scherbrett beim Netzhieven vor Island, brachte man ihn auf die Westmänner-Inseln (Vestmannaeyjar) in das Krankenhaus auf Vestmannaeyjar. Dort verliebte sich der Genesende in die blonde A'sta Gudmundsdottir. Sie war die Schwester seines Bettnachbarn. Später folgte die junge Isländerin dem Matrosen nach Deutschland, und 1937 wurde in Geestemünde geheiratet.

Im Sommer 1939 machte die kleine Familie sich auf den Seeweg, um den isländischen Großeltern die ein halbes Jahr alte Edda vorzustellen. Drei Monate wollten sie bleiben. Der Kriegsausbruch am 1. September verhinderte die Rückkehr nach Deutschland. Heinz arbeitete fortan auf dem Fischkutter des Schwiegervaters. Als 1940 die Engländer Island militärisch besetzten –

*Ein Foto für den fernen Papa –
Herdis, A'sta, Edda*

Heinz im Internierungslager

Marthas Arbeitsplatz im Sommerhotel 1941 – auch von dort aus nutzte sie die Möglichkeit, mit dem in England internierten Vetter Nachrichten auszutauschen

ein Jahr später nahmen die USA die Insel unter ihren Schutz –, wurde Heinz, der einzige Deutsche in Vestmannaeyjar, von den Engländern verhaftet und nach England ins Internierungslager gebracht.
Als schwere Herbststürme seine englischen Bewacher auf dem Küstenschutzboot ausnahmslos seekrank werden ließen, übernahm der Island-Wetter gewohnte Fischdampfermatrose das Steuer und navigierte den Kahn und die Mannschaft sicher an das englische Ufer – und sich selbst in die Internierung.
Von dort aus versuchte Heinz, Martha schriftlich zu erreichen. Die beiden verband eine gemeinsame Kindheit und Jugendzeit innerhalb der großen Verwandtschaft, und auch durch gelegentliche Post hatten sie über lange Jahre Kontakt gehalten.
Auf Umwegen über das Rote Kreuz war begrenzter Schriftwechsel zwischen Heinz und den Angehörigen möglich. Lebenszeichen konnten dadurch folgenden Weg zu Martha finden: von uns zu Heinz' Eltern, über das Rote Kreuz nach England, von England in die USA – und umgekehrt. Dieses „Nachrichtennetz" bestand von Herbst 1940 bis zum Sommer 1944, dann kam, bevor der Großangriff auf Wesermünde geflogen wurde, Heinz Tegeder im Rahmen eines Zivilgefangenen-Austausches aus England in seine Heimatstadt zurück. Nicht nach Island! – Auch war ihm auferlegt, keinen militärischen Dienst anzutreten. Die Zerstörung der Stadt am 18. September erlebte der Ausgetauschte hautnah. Seine elterliche Wohnung – wie unsere – brannte aus.

Ich entferne mich nun etwas von „Martha", aber es gilt, diesen eingewebten Nebenschauplatz zu Ende zu bringen.

Island-Wetter

Im Frühherbst 1946 – Island war zu diesem Zeitpunkt Mitglied der Uno geworden, – nahm Albert Seidack, Kapitän des Fischdampfers BX 297 „Franz Westermann“, Reederei H. Siebert, den Matrosen Heinz Tegeder von Geestemünde mit auf die Fangreise unter Island. Es wird wohl an der einmaligen, zuverlässigen Seekameradschaft der Fischdampferbesatzungen gelegen haben, dass der Kapitän es auf seine Kappe nahm, den Bordkollegen aus Vorkriegsjahren mit dem Rettungsboot und einem Begleiter vor den Westermänner-Inseln aussetzte und in den Hafen schippern ließ. Es war dunkel, als der Heimkehrer an das Fenster seines Hauses Brekkastig 11 klopfte.
Ab da verließ Vetter Heinz seine Familie nie mehr. Die Aufenthaltsgenehmigung wurde von einem Vierteljahr zum nächsten so oft verlängert, bis er eines Tages sein Leben lang bleiben durfte. Er übernahm die Kutterfischerei seines Schwiegervaters Gudmund und wurde ein selbstständiger Isländer. Dort haben wir ihn 1973 als sehr liebenswerten Familienvater erlebt. Um sich herum A'sta, die Kinder Edda, Herdis, Maria, Gudmund und drei weißblonde Enkel. In diesem Jahr lebten alle evakuierten Bewohner der Westermänner-Inseln – wegen des Vulkanausbruchs Heimaey am 23. Januar 1973 – auf dem Festland. Die isländische Gewerkschaft hatte ihre Bungalow-Siedlung in Hveragerdi zur Verfügung gestellt.

Das zerstörte Wesermünde vor und nach Räumung der Trümmer

Soweit dieses kurz gefasste „Island-Abenteuer". Es ermöglichte Lebenszeichen zwischen Martha und uns – vier Kriegsjahre hindurch.

Danach wussten wir nicht mehr voneinander, und als am 5. Mai 1945 der furchtbare Krieg ein Ende hatte, war auch in meiner Familie nichts mehr wie vorher.
Mein Vater verunglückte im letzten Kriegsjahr tödlich, Käthe hatte nach Mecklenburg geheiratet. Mein Verlobter war auch noch nach Kriegsende als Funkmeister der Marine auf Borkum. Die Marinefunker hatten die Aufgabe, den Funkverkehr mit den Truppentransportschiffen durchzuführen, die deutsche Soldaten von Norwegen nach Deutschland zurückbrachten. Meine Mutter und ich wohnten bei hilfreichen Verwandten am anderen Ende der Stadt in Wulsdorf. Dort erlebten wir am Fenster stehend am 7. Mai den von britischen Panzerspähwagen angeführten Einmarsch der schottischen Truppen – der 51. Highland-Division. Sie besetzte, über die Weserstraße kommend, Wesermünde.
Zuvor war über die letzte Ausgabe der Nordwestdeutschen Zeitung vom 7. Mai eine Anordnung der britischen Militärbehörde verkündet worden, dass bis auf Widerruf alle Zivilpersonen in den Häusern bleiben mussten, „Auf Personen, die diesem Befehl zuwider handeln, kann geschossen werden!" Diese Sperre wurde vom 11. Mai an auf die Zeit von 22 Uhr 30 bis 6 Uhr 30 beschränkt und galt bis zum Herbst 1945. Ab dem 13. Mai übernahm die amerikanische Militärregierung in Wesermünde ihre Arbeit als Besatzer. Sie nannte sich
Headquarters Military Government
Detachment GI C2 Civil Administration
Wesermuende

Inhalt eines großen Care-Paketes

Mit ihren „Care-Paketen“ lindern amerikanische Spender die Not, besonders auch in Deutschland.
Ein Paket enthält:
4 Pfund Fleisch, 4 Pfund Fett, 2 Pfund Mehl, 2 Pfund Zucker, 1 Pfund Honig, 1 Pfund Marmelade, 1 Pfund Rosinen, 2 Pfund Kaffee, 2 Pfund Vollmilchpulver, 2 Pfund Reis, 1 Pfund Schokolade, 1/2 Pfund Eipulver und 4 Stück Seife

Den amerikanischen Soldaten war zunächst ein striktes Kontaktverbot mit den Besiegten auferlegt, woran sich allerdings kaum einer hielt, und da lange Zeit nach dem Kriegsende das besetzte Deutschland vom internationalen Postverkehr ausgeschlossen war, versuchten deutsche Angehörige von „drüben" aus, sich auf inoffiziellem Wege zu helfen.
Man benutzte die Feldpost befreundeter (z.B. amerikanischer) Familien an ihre in Deutschland stationierten Soldaten. So erreichte uns im Sommer 1945 auf abenteuerlichen Wegen eine Karte aus Breton-Woods, New Jersey. Sie war noch an die Raabestraße in Geestemünde gerichtet. Marthas amerikanischen Freunde hatten diese Nachricht ihrem in Heidelberg stationierten Sohn mit in dessen Feldpost gelegt. Der „GI" am Neckar schickte Marthas Karte weiter an einen Kameraden bei den Besatzern an der Wesermündung. Jener fand schließlich unsere neue Adresse heraus – und brachte meiner Mutter das erste Lebenszeichen von „drüben".
Mit umgekehrter „Feldpost" gelangte Mutters Nachkriegsbrief zu Martha. Sie nahm die erste Möglichkeit wahr, uns zu helfen, zahlte ihre Dollar, ließ unsere Adresse auf ein „Care"-Paket kleben. Nur diese Pakete waren zunächst zugelassen!
„Care", nach dem Kriegsende 1945 gegründet, war eine Vereinigung aus 26 amerikanischen Organisationen und die Abkürzung für „Cooperation for American Remittances to Everywhere".

Unser erstes „Care" enthielt viele kleine Portionsdosen und Schachteln mit verheißungsvollen leckeren Sachen. (Wann hatten wir die letzte Schokolade gegessen?) Aber als alles ausgebreitet auf dem Tisch lag, kommentierte die enttäuschte Mutter und Köchin diesen fremden „Schatz" mit den Worten: „Das ist ja alles Husch-Nusch!" Sie hatte auf Mehl und Zucker, Fett und Fleisch gehofft, denn es fehlte in den Trümmerstädten an allem, und die Not war unvorstellbar groß.

Aus: Schwarzwälder, „Das Ende an der Unterweser“, S.152:

... Doch war die Ernährungslage auch allgemein sehr schlecht. Die Tatsache, daß Wesermünde Fischereihafen und Nachschubbasis der Amerikaner war, hat daran nicht viel geändert. Nur die Angestellten der Besatzungsbehörden waren im allgemeinen etwas besser dran.

In der 82. Zuteilungsperiode (12. November bis 9. Dezember 1945) gab es u. a. täglich für den Normalverbraucher:
390 g Brot, 286 g Kartoffeln, 21 g Fleisch, 14 g Butter und Margarine, 0,13 l Magermilch. Vor allem der Mangel an Eiweißnahrung und Fett war beängstigend. 1946 nahmen die Rationen noch erheblich ab.

Im ganzen gab es in der 86. Zuteilungsperiode ab 3. März 1946 täglich 996 Kalorien. Es ist bezeichnend, daß in Bremerhaven pro Kopf der Bevölkerung täglich nur 22 g Fisch zugeteilt wurden!

Oberbürgermeister Dr. Koch schrieb am 1. April 1946 an die Militärregierung: „Die Kürzung der Rationssätze hat in der Bevölkerung, insbesondere auch in der arbeitenden Bevölkerung, eine erhebliche Unruhe hervorgerufen. Gerade solche Personen, die auf Werften und sonstigen eisenverarbeitenden Betrieben arbeiten, stehen auf dem Standpunkt, daß es mit dieser gekürzten Lebensmittelmenge nicht möglich ist, die 48stündige Arbeitszeit durchzuführen. Eine Kürzung der Arbeitszeit auf 36 Stunden würde in verschiedener Richtung ganz erhebliche Schwierigkeiten mit sich bringen. Es würde z. B. den Werften nicht möglich sein, in der notwendigen kurzen Zeit den Umbau von Fischdampfern durchzuführen.“ ...

In dieser Zeit muss eine Welle von Hilfsbereitschaft durch die USA gerollt sein, denn als der regelmäßige Warenverkehr wieder aufgenommen wurde, löschten amerikanische Transportschiffe große Ladungen Hilfsgüter in Bremerhavens Kaiserhafen. Von hier aus erreichten unzählige „Care"-Pakete ihre Empfänger. Der Inhalt war inzwischen auf die Bedürfnisse der notleidenden Bevölkerung ausgerichtet, wie das Foto auf Seite 96 belegt. Martha schrieb: „Bitte teilt uns mit, was Ihr nötig habt", denn ab 1946 waren auch privat gepackte Pakete wieder zugelassen. Diese wurden über das Hauptzollamt in Geestemünde kontrolliert und dem Empfänger ausgehändigt.
Ich habe die erwartungsvollen Fußwege von Wulsdorf zur Pakethalle am Querkanal nicht vergessen – und auch nicht die freundlichen Zollbeamten, die gelegentlich das Pfund Kaffee übersahen, welches mehr als zollfrei erlaubt im Paket war. Die Amerika-Pakete waren eine unermessliche Hilfe, denn die allgemeine Ernährungslage war sehr schlecht.

Martha versorgte auch Käthe im sowjetisch besetzten Mecklenburg. Diese Pakete mussten die Zwischenstationen über uns in Kauf nehmen. Wir packten sie um, legten eine vorgeschriebene Inhaltsliste an und schickten die Kostbarkeiten per Post in die „Ostzone" nach Ribnitz.

Meine Mutter hatte nach Kriegsende ein separates Zimmer in einem Achtfamilienhaus vom Wohnungsamt zugewiesen bekommen und nannte es zufrieden „meine eigenen vier Wände". Sie besaß nun Bett und Schrank, Tisch und Stuhl, sogar das gerettete Sofa fand Platz. Einen alten Herd zum Heizen und Kochen hatten wir die zwei Etagen hochgeschleppt. „Eigener Herd ist Goldes wert", mit dieser Erkenntnis und Marthas guten Gaben gelang meiner Mutter immer ein nahrhaftes Eintopfessen für uns. Das Wasser holte sie eimerweise aus des Vermieters Küche – das Schmutzwasser schüttete sie dann in die Toilette auf dem Balkon.

Die letzten Fotos unserer Eltern

1941 – unser Vater mit Käthes Sohn Uwe

1947 – unsere Mutter mit meinem Sohn Michael

Auch für mich fand das Amt ein Einzelzimmer, ebenfalls an einem Treppenaufgang gelegen, in der Nordernfeldstraße 10, meine Mutter wohnte Nr. 17. Für diese nachbarschaftliche Situation hatte sie wieder einen guten Spruch parat: „Man soll einen Mantel anziehen müssen, um seine Kinder zu besuchen!"
Mein Zimmer war sehr klein. Das „überlebte" Stahlbett, 1936 von Martha geschenkt bekommen, zog mit ein. Für einen winzigen Küchenschrank, an dem die Glasscheiben fehlten, gab ich mein großes „Grimms Märchenbuch" her. Eine legendäre Brennhexe vertrat die Küche, das Bad war erkennbar an einem aus Fischkistenbrettern gebastelten Waschtisch. Sein aufklappbarer Deckel enthielt einen Spiegel. Nach Art eines Schiffsoffizierwaschtisches hatte mein Verlobter das Möbel nachgebaut. Im August 1945 war der Funkmeister a.D. von Borkum aus über die Soldatensammelstelle Zeven nach Wesermünde entlassen worden. Weihnachten 1945 hatten wir geheiratet und bewohnten das mit rotweiß-karierter Bauernbettwäsche feingemachte Zimmer, an dessen Tür zum Treppenhaus auf einem Holzschild stand: „Willy und Hanna Wolff". Untergebracht waren in der „Wohnung" auch noch ein kleiner Tisch und zwei Stühle. Einen alten Kleiderschrank durften wir auf den Treppenabsatz zum Trockenboden stellen. (Wasser, wie bei Mutters Zimmer beschrieben.) Es ist verständlich, dass wir zunächst dankbar für dieses kleine „Zuhause" waren, wenn man bedenkt, dass 50 Prozent Wohnraum in Wesermünde durch Bombenangriffe total vernichtet waren. Zu 97 Prozent lag das alte Bremerhaven und zu 75 Prozent Geestemünde in Trümmern.

1947 auf dem Balkon zum Zimmer meiner Mutter

Martha aus Amerika
Käthe aus Ribnitz
Hanna von nebenan aus Wulsdorf

1947 – der erste Nachkriegsbesuch

„Unsere Amerikaner", die „drüben" nicht müde wurden, Pakete zu packen, mit Hilfe vieler Nachbarn und Freunde auch Wäsche und Kleidung sandten, bereiteten sich gleichzeitig auf den ersten Nachkriegsbesuch vor. Unbedingt wollte Martha sich ein Bild von ihrer zerstörten Heimat machen, ihre Familie wiedersehen, sich überzeugen, welche Hilfe am nötigsten war. Da 1947 der zivile Schiffsverkehr nach Deutschlands Häfen noch nicht zugelassen war, buchte das Ehepaar zum Herbst 1947 bei der Holland-Amerika-Linie (in meiner Erinnerung heißt das Schiff „Niew Amsterdam") eine Reise New York – Rotterdam und zurück.

Für die vorgesehenen drei Heimatwochen schickten sie zur Sicherung eigener Versorgung Extra-Pakete nach Hameln und Wulsdorf voraus. Ein Zettel: „Achtung! Proviant für Martha und Willy" lag in diesen Paketen.
Es war schon ein Stück Gegenwartsbewältigung für die aus einem verkehrstechnisch intakten Amerika Kommenden, über nachkriegsbedingte Bahnverbindungen den Landweg von Rotterdam nach Wesermünde zu bestehen. Seit 1947 in das Land Bremen eingegliedert, hieß Wesermünde nun Bremerhaven. Dieses Bremerhaven war noch zu großen Teilen eine Ruinenstadt und nur wenig Vertrautes erkennbar.

Das Wiedersehen in Wulsdorf hatte nicht die Leichtigkeit, nicht den Glanz wie der Empfang an der Columbuskaje vor elf Jahren, auch nicht wie das Nachhausekommen damals in die vertraute Raabestraße.
Das alte Wulsdorf war zu Marthas Jugendzeit so etwas wie „außer Landes" gewesen, und dort, in diesem fremden Umfeld, waren nun Mutter und Schwestern zu finden! Dennoch verdrängte die ganz große Wiedersehensfreude alle Fremdheit. Als Martha in Mutters „eigenen vier Wänden" das gute alte Sofa aus der Raabestraße stehen sah, nahm sie darauf Platz und sagte: „Wo es mir wohlgeht, bin ich zu Hause."

Hotel und Restaurant „Weserlust" an der Rampe zum Fischereihafen

Bootshaus im Bürgerpark – Martha ging hier gerne spazieren

In ihrer unkomplizierten Lebensart nahm sie die räumliche Enge an. „Ein büschen eng, aber gemütlich", ihre echte Geestemünder Aussprache hatte meine große Schwester sich in all den amerikanischen Jahren bewahrt. Zum Schlafen spazierte das Ehepaar zur „Weserlust". Das nahe gelegene Restaurant an der Rampe zum Fischereihafen war für uns ein Glücksfall. Es hatte den Krieg überstanden.

Meine Schwester Käthe war mit ihrem kleinen Sohn Uwe aus der russisch besetzten Ostzone angereist, um Martha wiederzusehen. Für sie gab eine hilfsbereite Nachbarin ein Bett her. Gegessen wurde bei „Muttern". Sie zauberte auf ihrem alten Küchenherd, auch dank der amerikanischen Vorratswirtschaft, gute Mahlzeiten. Wo immer möglich, halfen wir der Köchin. Für Holz und Kohlen sorgte mein Mann. In dieser chaotischen Zeit wurde kaum Heizmaterial für die Bevölkerung zugeteilt, also bedienten sich die Frierenden der Bunkerkohle am Hafen. In großen Stücken lag das schwarze Gold zur Versorgung der Fischdampfer unter freiem Himmel. Standen Kohlenzüge zum Rangieren auf den Gleisen, kletterten Männer und Frauen auf die Waggonladungen, um ihre Eimer oder Säcke mit Brikett zu füllen. Die Bewacher der Züge waren Meister im Wegkucken. Wir haben erlebt, dass ein amerikanischer Wachsoldat, der einen „Selbstversorger" beim Briketteinsacken überraschte, diesen ruhig weiter einpacken ließ, doch schließlich meinte: „So, that's enough!"

Das alte Geestemünde (hier eine Aufnahme aus den 1920er Jahren) war am 11. September untergegangen. Martha kannte ihre Heimat nicht mehr.

Auch wurde eine uralte Handelsart wieder lebendig: das Tauschen. Für einen Teppich gab's einen Sack Kartoffeln, für ein Kleid einen Rucksack voll Fallobst, für ein Bettuch ein halbes Pfund Butter, für eine Handvoll Kaffeebohnen 1 Liter Milch und ein paar Speckschwarten.

Es gab auch die offiziellen Tauschzentralen, es gab das Hamstern und den schwarzen Markt. Die notleidende Bevölkerung suchte und fand Wege zum Durchkommen. Waren Krieg und Bomben überlebt, galt es nun, diese Notzeiten auch zu bewältigen. „Mittendrin" erlebten unsere Amerikaner völlig aus den Fugen geratene Alltage, gleichzeitig aber ebenfalls einen starken Lebenswillen und die Bereitschaft zum Wiederaufbau.

Noch allerdings ragten die Ruinen der Zerstörungen vom September 1944 gen Himmel, und wir mussten Martha die Straßen ihrer Jugend benennen. Nichts stimmte mehr im alten Geestemünde: zerstört die Häuser von Verwandten und Bekannten, ausgebrannt die Wohnung unserer Eltern in der Raabestraße. Martha, tief betroffen von den Trümmern des heimatlichen Umfeldes: „Lasst uns zu Vaters Grab gehen." Auf dem Geestemünder Friedhof waren ihr die alten Wege noch vertraut. Diese war sie („ich weiß nicht mehr wie oft") mit meiner Mutter zum Grab der früh verstorbenen Geschwister gegangen. Den schönen, alten Grabstein dieser längst aufgelösten Ruhestätte hatten Friedhofsangestellte auf meines Vaters Grab gestellt. Eine sehr menschliche Geste.

Hameln an der Weser

Hamelns Tradition, die Geschichte des Rattenfängers

An den Ruinenfeldern der Innenstadt vorbei noch einmal gemeinsam über den Weserdeich gehen, noch einmal zu den herbstlichen Bäumen in den Bürgerpark spazieren, das war ein Teil des Abschiedes, den Martha von ihrem Zuhause nehmen musste, um ihren Mann nach Hameln zu begleiten.

Diese alte Stadt an der Weser, deren historisches Rathaus noch im letzten Kriegsjahr zerstört wurde, hatte ansonsten Fronteinwirkungen unbeschadet überstanden. Das Seegerssche Elternhaus – zwar um elf Jahre gealtert – empfing den Besuch im selben Gewand wie 1936. Und dann war da auch noch das Proviantpaket aus Amerika – ein Garant für gute Mahlzeiten im Familienkreis.

Willy nahm die Gelegenheit wahr, auf dem in die Jahre gekommenen und verstimmten Klavier seine alten Schlager zu spielen, aber, wie Martha berichtete, sie sei dann doch lieber mit ihrem Pianisten die historischen Straßen in Hameln rauf und runter gelaufen.

Als sie endlich in Rotterdam an Bord gingen, stand ihretwegen niemand an der Kaje, um zum Abschied zu winken.

Martha und Willys Haus
in Breton-Woods

Wieder in Amerika

Dagegen erwarteten in New York an der Pier viele Freunde die Zurückkehrenden.

„Es fehlt an allem", so Marthas Antwort auf die besorgten Fragen. Also wurde wieder eifrig gepackt und abgeschickt. Die Bereitschaft unzähliger amerikanischer Bürger – nicht nur deutschstämmiger –, mit privaten Mitteln, die Not der deutschen Bevölkerung zu lindern, war auch 1947 noch sehr groß.

Jedoch trotz aller Hilfsaktionen von „drüben", aller Kunst der Improvisation und des Ideenreichtums, mit dem die aufbauwillige Bevölkerung der Alltagsnot begegnete: aus eigener Kraft allein konnte der Weg zur Wirtschaftsnormalität nicht erreicht werden. Das erkannten die Amerikaner. Sie erarbeiteten ein vierjähriges Hilfsprogramm, gedacht für 16 europäische, vom Krieg ruinierte Länder, und für die drei westlichen Besatzungszonen in Deutschland: das European Recovery Program, „RPE 1948" vom amerikanischen Außenminister George Marshall in die Tat umgesetzt, bekannt geworden als Marshallplan. Mit ihm sollten wirtschaftliche Nachkriegsschwierigkeiten überwunden werden. Doch mit der maroden Reichsmark und der ausufernden Schwarzmarktwirtschaft war kein Aufbau möglich. So bereiteten die westlichen Besatzungsmächte unter Mithilfe deutscher Wirtschaftsfachleute den Tag X vor: die Währungsreform. Sie wurde am Sonntag, dem 20. Juni 1948, verkündet. An diesem Tag konnte jeder Bürger 40 RM gegen 40 DM tauschen. (20 RM nochmals im Monat August.) Gespartes Geld wurde auf Sperrkonten, 100 RM zu 10 DM, gutgeschrieben.

Martha und Willy mit „Car" und Hund Buster in Breton-Woods

Martha mit Buster am Ozean

Über Nacht verschwand der Schwarzhandel. In den Geschäften wurden wieder lang entbehrte, verlockende Waren angeboten. Die Regale waren voll – das Geld aber war allzu knapp geworden. Dennoch, es ging aufwärts: Für gute Arbeit gab es wieder gutes Geld. Die Löhne wurden 1:1 ausgezahlt. Meine Mutter wirtschaftete weiter auf ihre genügsame Art „in den eigenen vier Wänden" mit ihrem Kopfgeld von 40 DM und einer kleinen Rente, die sie im Werte 1:1 erhielt.

Unsere kleine Familie – Sohn Michael war am Tag X fast zwei Jahre alt – bewohnte noch die beiden rot-weiß karierten Zimmer. 120 DM hatten wir zu verplanen.

„Wer kann das Studium wegen der Währungsreform nicht zu Ende bringen?" Die Leitung der Pädagogischen Hochschule bot den zukünftigen Lehrern im Härtefall monatlich 150 DM Darlehen als Studienhilfe an. Uns war damit die Zeit bis zum März gesichert und das Studium meines Mannes beendet. Nachdem die amerikanischen Medien umfassende Berichte über die Währungsumstellung in Westdeutschland verbreiteten, wurden die Paketsendungen etwas eingeschränkt. Statt dessen fand meine Mutter wieder manch hilfreichen Dollarschein in der Post von „drüben" vor.

Das Grab unserer Mutter
auf dem Bremerhavener Friedhof

Martha mit Hanna's Kindern: Marthi und Michael

Martha betreut die kranke Mutter

Da der zivile Schiffsverkehr USA–Deutschland noch nicht erlaubt war, nahm Martha im Dezember 1949 – diesmal ohne ihren Mann – wieder den umständlichen Weg über Holland auf sich. Sie kam angereist, um ihrer schwerkranken Mutter nahe und behilflich zu sein.

Für drei Wochen richtete sie sich auf dem alten Sofa in der Ein-Zimmer-Wohnung ein und ging wie selbstverständlich mit dem Behelf um, heizte täglich den Küchenherd, holte das Wasser bei den Nachbarn. Mit klarer Bestimmtheit regelte sie die Besuchszeiten von Verwandten und Bekannten, die nicht nur die Kranke, sondern auch Martha sehen wollten. Von uns unterstützt, umsorgte die dreiundvierzigjährige Martha mit Hilfe des Hausarztes die Bettlägerige. Das Krankenbett war in jenen Adventwochen der Mittelpunkt unserer Familie. Meine Mutter nahm bei klarem Verstand wahr, was um sie herum geschah, wenngleich unter Schmerzen und mit großer Duldsamkeit. Sie starb am 24. Dezember. In ihren letzten Lebenswochen war sie dank Martha keinen Augenblick allein gewesen.

In dieser Zeit lebte meine Schwester Käthe noch mit ihrer Familie in Mecklenburg, der von den Russen besetzten Zone. Mit unserem Telegramm vom Tod der Mutter in Händen, machte sie sich noch am ersten Weihnachtstag auf den nicht genehmigten Weg nach Bremerhaven, an ihrer Seite der neunjährige Sohn Uwe. Die Eisenbahn brachte beide bis an die Grenze bei Salzwedel.
An jenem Tage waren die ersten zwei Versuche, mit einer kleinen Menschengruppe durch ein Waldgebiet die patrouillierenden Wachposten zu umgehen, aufgegeben worden. Am späten Abend jedoch schlossen Mutter und Sohn sich einer anderen Gruppe von Grenzgängern an, die versuchte, über stillgelegte Bahngleise den Westen gefahrlos zu erreichen.
So schien es zunächst, dann aber riefen die Alarmzeichen der an den Schienen verborgenen Meldeanlage die Bewacher. Zwei Tage in einer Arrestzelle waren

Marthas Zuhause in Breton-Woods, New Jersey

Willy mit Hund Buster

die Strafe für Käthe und den kleinen Uwe. Das Telegramm war kein Grund gewesen, sie durchzulassen! Statt dessen musste meine tiefbetrübte Schwester an beiden Weihnachtstagen die Fenster der Arrestbaracke putzen und die Böden scheuern. Danach gab man ihnen den Weg frei für die Rückkehr nach Ribnitz in Mecklenburg. War für Martha das geteilte Deutschland schon eine unbegreifliche Tatsache, so erschütterte sie dieses unmenschliche Verhalten der Grenzposten – und auch uns – über alle Maßen.

Von unserer lieben Mutter hatten wir auf dem Bremerhavener Friedhof still Abschied genommen.

Anfang Januar 1950 kehrte Martha zurück in das winterliche Amerika.
Es erwartete sie ein warmes Zuhause in Breton-Woods, und hier wurde gleich wieder ihr voller Einsatz gefordert. Die zupackende Hausfrau hatte Spuren wochenlangen Junggesellenlebens zu beseitigen und allen Dingen wieder den rechten Platz zu geben. Für den Hausherrn und auch für Hündin Terra war nun die Welt wieder in Ordnung.

Nach dem Abschied von der Mutter begann für Martha ein neuer Lebensabschnitt. Als die nunmehr Älteste nahm sie von Amerika aus großen und hilfreichen Anteil an den wachsenden Familien ihrer beiden Schwestern im geteilten Deutschland. Die Briefpost ging seit einigen Jahren wieder zu planmäßigen Zeiten und auf normalen Wegen über den Atlantik. Auch der „Bahnhof am Meer“ mit seiner neuen Zollabfertigungshalle war wieder aufgebaut und am 3. April 1950 dem Verkehr übergeben worden.

Am 27. Oktober begann mit der „Gripsholm“ von der Svenska Amerika Line der Passagierverkehr zwischen Bremerhaven und New York zu fließen.

N.D.T.A.·WELCOMES
S.S. UNITED STATES

Die „Amerika“ der United States Line lief am 9. November 1951 zum ersten Mal in Bremerhaven ein, und als am 11. Mai 1952 die erweiterte Fahrgastanlage am Columbusbahnhof eröffnet worden war, reichte die Kaje auch für das derzeit größte und schnellste Passagierschiff der Welt – die „United States“. Der Liner legte erstmalig in der Nacht zum 3. Januar 1953 an. In jenen späten Stunden waren unzählige Gäste und Tausende Bremerhavener am Hafen, um den amerikanischen Ozeanriesen zu begrüßen.

Willy und Martha –
Ankunft mit der „United States"

Marthas Freundin Dora, Marthi, Michael und Hanna

Am neuen Columbusbahnhof – Besuch kommt mit der „United States"

Im Spätsommer 1954 kündigten Martha und Willy ihren Besuch mit der „United States" an.

Wir besaßen schon einige Jahre ein richtiges Haus. Neu gebaut in Bremerhavens Siedlung Eckernfeld. Im Herbst 1950 waren wir mit unseren Habseligkeiten aus Wulsdorf in das kleine Paradies umgezogen, bauten einen Hühnerstall aus den Trümmern der Innenstadt, legten Gemüsebeete an. Unsere drei munteren Kinder eroberten sich auf den Wiesen und in den Gräben ihr neues Umfeld. Nun sollte aufregender Besuch aus Amerika kommen.

Das Wolffsche Haus im Eckernfeld

Es war Ende September am Columbusbahnhof, als wir im Pulk großer Menschenmassen den amerikanischen Ozeanriesen aus der Ferne ankommen sahen.
Wie 1936 meine Eltern nach dem Lloyddampfer „Columbus" Ausschau haltend ihre aufgeregten Kinder Käthe und Hanna bei sich gehabt hatten, ebenso erwarteten mein Mann und ich – 18 Jahre später – an gleicher Stelle mit unseren Kindern die Ankunft der „United States". Ein schönes Wiedersehen und das große Vergnügen, dem Heimatbesuch Unterkunft und „norddeutsche Küche" im eigenen Haus anbieten zu können. Obwohl das Quartier mit Ofenheizung und der Zinkbadewanne in der Waschküche nicht dem gewohnten amerikanischen Luxus entsprach, fühlten sich unsere lieben Gäste zu Hause. Gemütlich sei es, und Schwager Willy genoss seine Erbsensuppe mit „Snuten un Poten", Martha den frischen Fisch direkt vom Fischereihafen. Vollkommen wurde die Freude, als unsere Schwester Käthe und Neffe Uwe, mit offizieller

Uwe und Käthe sind gekommen

Und noch ein weiterer Besucher: Tiger Leo aus dem Hause Steiff …

… bei Marthi und Franziska an der Leine

Reisegenehmigung, aus Mecklenburg kamen. Noch heute, fünfzig Jahre danach, erinnert Uwe sich an ein Paar wunderbare Halbschuhe mit Kreppsohlen, die Tante Martha ihm 1954 gekauft hatte, damals stolzer Besitz für einen Jungen aus der Ostzone.

1954: Hochhaus an der Lloydstraße

Marthas Heimatstadt zeigte schon wieder eine wohnliche Seite. Rege Bautätigkeit entspannte die Wohnungsnotlage. Schulen wurden gebaut. Das Stadttheater, u.a. durch unzählige Spendengelder wieder aufgerichtet, bot die Kultur an altgewohntem Ort an. Stolz zeigte mein Mann seinem Schwager Willy aus dem Land der Wolkenkratzer das neu entstehende erste Bremerhavener Hochhaus für 217 Wohnungen an der Lloydstraße. Dort wurden in einer Gleitschnellbauweise die geplanten sechsundvierzig Meter hochgezogen – damals eine erstmalig angewandte Bautechnik. Um dieses Verfahren an Ort und Stelle kennen zu lernen, kamen Fachleute aus ganz Europa nach Bremerhaven.

Kennen lernen wollte das Ehepaar Seegers auch einen großen Teil seines Heimatlandes. Sie hatten bereits in Amerika eine Rundreise gebucht, deren verlockender Titel „Mit der Bundesbahn ins Märchenland" die Deutschen in den USA umworben hatte.

Frankfurt

Köln

Die Kriegsfolgen sind noch lange nicht beseitigt – manche Stadtbilder für immer verloren

Berchtesgaden

Loreley-Felsen

Stationen einer Reise ins „Märchenland“

Freiburg im Breisgau

Im vor mir liegenden kleinen, roten Schreibblock notierte Martha den Preis der Fahrkarten: 235,40 DM, einzelne Stationen, kleine Kommentare, die Wetterlage. Zu lesen ist auch, wofür die Reisekasse in all den Städten während der Zeit vom 1. bis 14. November das Geld hergab. Sie besuchten von Bremen aus Hannover, Düsseldorf, Köln, Remagen, Koblenz, Wiesbaden, Frankfurt, Heidelberg, Freiburg, Basel, Schaffhausen, Friedrichshafen, Radolfzell, Lindau, Innsbruck, Salzburg, Kitzbühel, Berchtesgaden und München.

Eine Mammutreise?

Mit der Notiz „Man denkt immer, das Schönste sah man, um nur wieder und wieder zu finden, wie die Natur doch so herrlich sein kann“, enden Marthas Eintragungen.

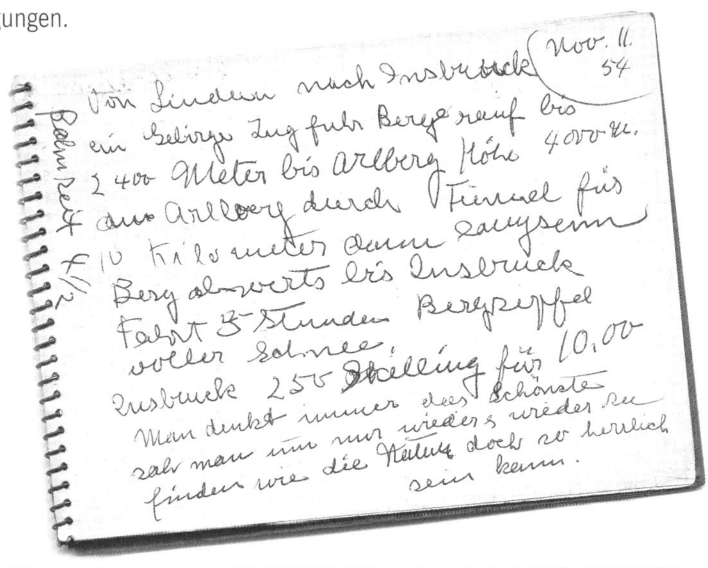
Nov. 11. 54
Von Lindau nach Insbruck
ein Gebirgs Zug fuhr Berge rauf bis
2 400 Meter bis Arlberg Höhe
am Arlberg durch Tunnel für
10 Kilometer dann langsam
Berg abwärts bis Insbruck
Fahrt 3 Stunden Berggipfel
voller Schnee.
Insbruck 250 Schilling für 10,00
Man denkt immer das Schönste
sah man um nur wieder u. wieder zu
finden wie die Natur doch so herrlich
sein kann.

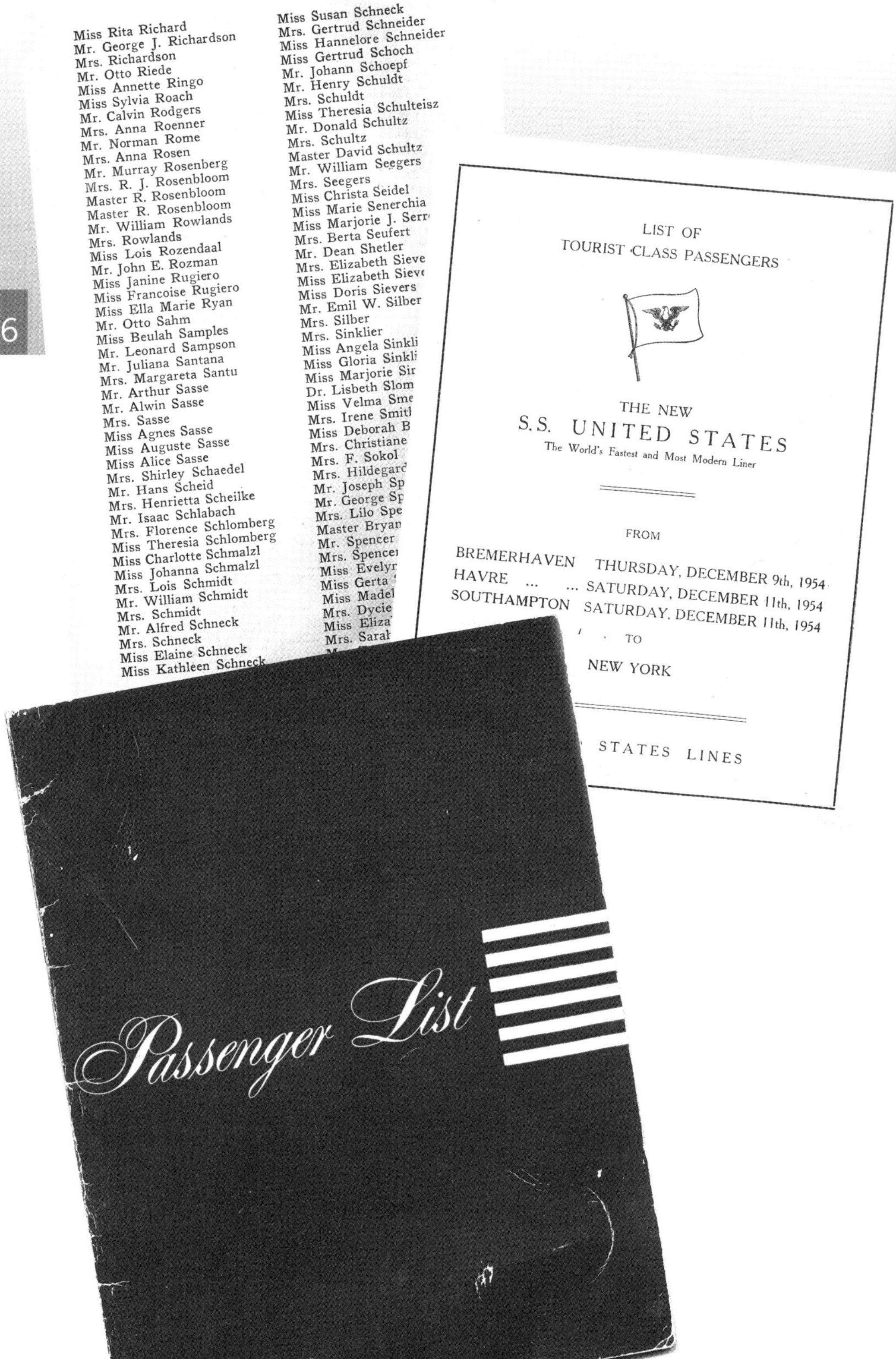

Miss Rita Richard
Mr. George J. Richardson
Mrs. Richardson
Mr. Otto Riede
Miss Annette Ringo
Miss Sylvia Roach
Mr. Calvin Rodgers
Mrs. Anna Roenner
Mr. Norman Rome
Mrs. Anna Rosen
Mr. Murray Rosenberg
Mrs. R. J. Rosenbloom
Master R. Rosenbloom
Master R. Rosenbloom
Mr. William Rowlands
Mrs. Rowlands
Miss Lois Rozendaal
Mr. John E. Rozman
Miss Janine Rugiero
Miss Francoise Rugiero
Miss Ella Marie Ryan
Mr. Otto Sahm
Miss Beulah Samples
Mr. Leonard Sampson
Mr. Juliana Santana
Mrs. Margareta Santu
Mr. Arthur Sasse
Mr. Alwin Sasse
Mrs. Sasse
Miss Agnes Sasse
Miss Auguste Sasse
Miss Alice Sasse
Mrs. Shirley Schaedel
Mr. Hans Scheid
Mrs. Henrietta Scheilke
Mr. Isaac Schlabach
Mrs. Florence Schlomberg
Miss Theresia Schlomberg
Miss Charlotte Schmalzl
Miss Johanna Schmalzl
Mrs. Lois Schmidt
Mr. William Schmidt
Mrs. Schmidt
Mr. Alfred Schneck
Mrs. Schneck
Miss Elaine Schneck
Miss Kathleen Schneck

Miss Susan Schneck
Mrs. Gertrud Schneider
Miss Hannelore Schneider
Miss Gertrud Schoch
Mr. Johann Schoepf
Mr. Henry Schuldt
Mrs. Schuldt
Miss Theresia Schulteisz
Mr. Donald Schultz
Mrs. Schultz
Master David Schultz
Mr. William Seegers
Mrs. Seegers
Miss Christa Seidel
Miss Marie Senerchia
Miss Marjorie J. Serr
Mrs. Berta Seufert
Mr. Dean Shetler
Mrs. Elizabeth Sieve
Miss Elizabeth Sieve
Miss Doris Sievers
Mr. Emil W. Silber
Mrs. Silber
Mrs. Sinklier
Miss Angela Sinkli
Miss Gloria Sinkli
Miss Marjorie Sir
Dr. Lisbeth Slom
Miss Velma Sme
Mrs. Irene Smitl
Miss Deborah B
Mrs. Christiane
Mrs. F. Sokol
Mrs. Hildegard
Mr. Joseph Sp
Mr. George Sp
Mrs. Lilo Spe
Master Bryan
Mr. Spencer
Mrs. Spencer
Miss Evelyn
Miss Gerta
Miss Madel
Mrs. Dycie
Miss Eliza
Mrs. Sarah

LIST OF
TOURIST CLASS PASSENGERS

THE NEW
S.S. UNITED STATES
The World's Fastest and Most Modern Liner

FROM

BREMERHAVEN THURSDAY, DECEMBER 9th, 1954
HAVRE ... ... SATURDAY, DECEMBER 11th, 1954
SOUTHAMPTON SATURDAY, DECEMBER 11th, 1954

TO

NEW YORK

STATES LINES

Leo in Amerika

Anschließend brachte die Bundesbahn unsere „Märchenlandfahrer" zum Ausruhen nach Hameln und am Ende wieder nach Bremerhaven. Im Gepäck Leo, einen edlen Tiger aus dem Hause Steiff. Schwager Willy immer gut für einen Spaß, führte das exotische Tier an einer Hundeleine, als er aus dem Taxi stieg. Bis zu seiner Reise in die Neue Welt gingen unsere Kinder mehr oder weniger respektvoll mit dem „Raubtier" um.

Willy, die schwarze Hündin Terra und Leo

Marthas liebste Freundin Dora war dabei, als am 9. Dezember 1954 wieder einmal Abschied genommen wurde und die „United States", geführt von Commodore John W. Anderson, allmählich unseren Blicken entschwand. An Bord unter den 724 Passagieren der Touristenklasse meine große Schwester Martha und Willy mit Leo, dem Tiger. In den sechziger Jahren waren Steiff-Tiere und Hummel-Figuren die ganz großen Exportschlager nach Amerika.

BREMEN

NORDDEUTSCHER LLOYD

Heimwärts mit der neuen „Bremen“

Sie kamen immer im Herbst. Bis zum Spätsommer arbeitete das Ehepaar Seegers in „seinem“ Ferienhotel im Gebirge. Die Saison dauerte ein halbes Jahr. Das für dieses Haus arbeitende Team (Bäckermeister/ Housekeeper) machte, wie es es nannte, „auf diesem Platz gutes Geld“. Der Rest des Jahres gehörte ihrem Privatleben. Auch ein Grund für die Herbstreisen war der günstigere Nachsaisonpreis für die Überfahrt.

In diesem Jahr sollte die neue „Bremen“ unseren Besuch Anfang Oktober nach Bremerhaven bringen. Das Schiff, die auf der Vulkan-Werft in Bremen umgebaute „Pasteur“, war als nunmehr fünfte „Bremen“ am 9. Juli 1959 zur Jungfernreise nach New York ausgelaufen. Ein großartiges Ereignis für den Norddeutschen Lloyd, für alle Bremerhavener und ihre Stadt. Nun für Martha und Willy das Erlebnis, Passagiere zu sein auf diesem wunderbaren Dampfer, der Platz hatte für 1200 Passagiere.
Als der Ozeanriese mit seinem gelben Schornstein und der weißen Flagge, die mit blauem Anker, Schlüssel und Eichenkranz bedruckt im Winde flatterte, an der Columbuskaje anlegte, waren wir schon alle da: meine Schwester Käthe mit Mann und zwei Kindern (inzwischen auf abenteuerlichen Wegen nach Bremerhaven zurückgekehrt) und unsere Familie.

Familientreffen im Eckernfeld

Abschiedsfoto im Columbusbahnhof

Bei „Seebeck am Markt"

In meiner Erinnerung ist dieses Wiedersehen ein besonders fröhliches gewesen. Martha teilte den dreiwöchigen Aufenthalt bereits am ersten Tag souverän auf: Acht Tage mit Willy nach Hameln, eine Woche bei Schwester Käthe in Wulsdorf, den Rest der Zeit in unserem Haus im Eckernfeld.

Keine große Deutschland-Reise, einfach nur Zusammenleben mit der Familie in der alten Heimat – und am Vergnügen in der Stadt teilhaben. Wer mag uns miteinander während eines Tanzabends bei „Seebeck am Markt" fotografiert haben? Auch als die „Waldschenke" im Bürgerpark zum Herbstball einlud, waren wir unter den Gästen.

Doch bald hieß es wieder Koffer packen, und das Foto (s. S.128) mit den vielen Regenschirmen der Besucher erzählt vom Bremerhavener Wetter am 16. November 1959. Das Bild zeigt uns unter den dichtgedrängten Zuschauern auf der Rampe des Columbusbahnhofs, als die Bordkapelle ihre Traditionslieder spielte und „unsere" „Bremen", ein fahrendes Hotel, sich langsam von der Kaje löste.

Willkommen-Essen

Kalifornischer Frisch-Frucht-Cocktail mit Maraschino

Rahmsuppe Leopold

Dover Seezunge Müllerin Art
Petersilien-Kartoffeln

Gebratener Vermont Puter, Kronsbeeren-Sauce
Salbei- und Leberfüllung
Blumenkohl Holländisch Rissolée Kartoffeln
Kopf- und Tomatensalat, Kräutermarinade

Neapolitanisches Rahmeis, Waffeln

Früchte der Jahreszeit

Kaffee

Für Kinder — Schokoladen-Pudding mit Biskuit

Auf Wunsch

Suppen	Hühnerbrühe Royale Doppelte Kraftbrühe mit Rindermark
Fisch	Gekochter Ostsee-Lachs, Sauce Mousseline
Zwischengerichte	Feines Ragoût mit Grünem Pfeffer auf Toast Gebratenes Kalbshirn mit Ei und Schnittlauch Escarolesalat, Zitronenmarinade
Salate	Endivien- Gurken- Kraut- Sellerie-
Marinaden	Chiffonade Estragon Latard Dill-
Gemüse	Frische Grüne Bohnen Spinat in Rahm Junge Karotten Maiskolben
Kartoffeln	Gekochte Püree- Französische Brat- O'Brien
Süßspeisen	Kabinett-Pudding Westfälische Quarkspeise
Käse	Käseplatte - Pumpernickel - Crackers
Getränke	Kaffee - Tee - Kaffee Hag Pfefferminz - Kamillentee
22.00 Uhr	Belegte Brote

T.S. »BREMEN« Mittwoch, 18. November 1959

Die Uhr wird heute Nacht eine Stunde zurückgestellt

*

The clock will be set back one hour tonight

Welcome Dinner

Californian Fresh Fruit Cocktail with Maraschino

Cream Soup Leopold

Dover Sole Meunière
Parsley Potatoes

Roast Vermont Turkey, Cranberry Sauce
Sage and Liver Stuffing
Cauliflower Hollandaise Rissolée Potatoes
Lettuce and Tomato Salad, Herb Dressing

Neapolitan Ice Cream, Wafers

Fresh Fruit in Season

Von dieser Reise nach „drüben" bewahrte Martha acht Speisekarten mit Angeboten von üppigen Speisefolgen auf. In zwei Sprachen gedruckt auf edlem Büttenpapier. Die Serie ist geschmückt mit Aquarellen von Sehenswürdigkeiten aus deutschen Städten.

Martha arbeitet im Hospital in Lakehurst

Zu Gast bei Aenne in Orange City, Florida,
mit Christine Zoch aus der Friedrichstraße in Geestemünde (1923 ausgewandert)

Abschied von Willy

Es war nicht vorauszusehen, dass diese schöne Reise der letzte Besuch unseres Schwagers sein sollte.

Er wurde schwer krank, starb 1962 an einem Gehirntumor. Nach 37 gemeinsamen Jahren war Martha nun alleine – aber nicht einsam.
Ein großer Freundeskreis umgab sie hilfreich. Geblieben war ihr nur der Besitz des Bungalows an der Buckingham Rd. in Breton-Woods/New Jersey. Das ersparte Vermögen hatten Krankenhausaufenthalte, Operationen und Arztkosten vertilgt. Deswegen zögerte Martha nicht lange, als ihr vom Hospital Lakehurst, in dem ihr Mann monatelang Patient gewesen war, eine Stelle als Diätköchin angeboten wurde. Eine Aufgabe, die ihr wenig Gelegenheit ließ, über ihre neue Lebenssituation nachzudenken, aber vor allem finanzielle Sicherheit bedeutete. So kochte sich unsere tüchtige Schwester einige Jahre durchs Leben und ließ uns wissen, dass sie ihren Urlaub 1965 im Herbst bei ihren Freundinnen Aenne Schoon und Christine Zoch (beide aus Geestemünde) in Florida verleben wolle. Sie fuhr mit eigenem Wagen entlang der Küste von New Jersey nach Orange City (Florida), und ein Foto beweist, dass sie gut angekommen war.

Nach ihrer Heimkehr ereignete sich für Martha ein kleines Wunder. Ihre „Blumenmädchen", zwei Floristinnen, bei denen Martha Stammkundin war, hatten sie als Haushilfe einem Geschäftsmann empfohlen. Nach dem Vorstellungsgespräch nahm Mr. Gordon Adams Martha gleich mit zu seiner Frau nach Mantoloking ins Sommerhaus der Familie.

Sommerhaus der Adams in Mantoloking/New Jersey

Saisonende in Mantoloking

Winterhaus der Adams in Reydal/Pennsylvania

Der allerbeste Job ihres Lebens bei den Adams'

1070 Mill. Road Circle

Die Diätköchin kündigte ihren Job im Krankenhaus, behielt zwar den Bungalow in Breton-Woods, zog jedoch zu den Adams'. Neuer Absender auf Marthas Briefen: 127 Ocean Ave Mantoloking, New Jersey. Inzwischen, fast sechzigjährig, schrieb sie: „Es scheint so, als sei dieses der allerbeste Job meines Lebens."

Ab sofort führte „die Neue" die Küche, betreute Haus und Hund, kontrollierte die Putzhilfe. Am Abend leistete sie Mrs. Christine Adams Gesellschaft. Die Hausherrin wartete stets bis Mitternacht auf ihren Mann Mr. Gordon. Er war Besitzer einiger Fabriken, Spinnereien für Ryon-Garne und Stoffwebereien. Als sein eigener Herr, jetzt bereits im Rentenalter, hatte er sich die Arbeitszeit in der Fabrik vom Nachmittag bis in die späten Abendstunden gelegt. Die erwachsenen Kinder Marge und Bob waren aus dem Haus – aber oft zu Gast. Sie nahmen Martha bald als gute Seele des Hauses an. Der kleine Schnauzer Tapper spürte die Hundeliebhaberin und ließ die Köchin nicht aus den Augen. Zitat Mr. Adams: „Nachdem der Herrgott Martha geschaffen hatte, warf er diese Form weg!"

Bungalow und Freunde sahen Martha nur an den freien Tagen. Knapp 20 Autominuten lagen zwischen der Ocean Ave. und der Buckingham Rd. Hier wurden die Heimatbriefe mit ausführlichen Schilderungen über die Adams-Familie beantwortet. Es geschah, wenn Martha das Heimweh nach ihrer deutschen Familie packte, sie einen größeren Dollarschein in den Brief steckte und schrieb: „Macht dafür ein Familienfest und ruft mich bitte an!"

Begannen frische Herbstwinde mit den Fensterläden zu klappern, wurden die Türen des Hauses am Strand verschlossen und das Anwesen der Mantoloking-Polizei zur Überwachung übergeben. Ein wertvoller Besitz, dessen Sicherheit Mr. Adams sich etwas kosten ließ. Die Sommergäste bestiegen ihre „Cars" und

Weihnachten in Rydal –
Marthas „Heimwehdecke" und das gut angekommene Pfefferkuchenhaus

Marthas Haus aus Stein im Garten von Adams'

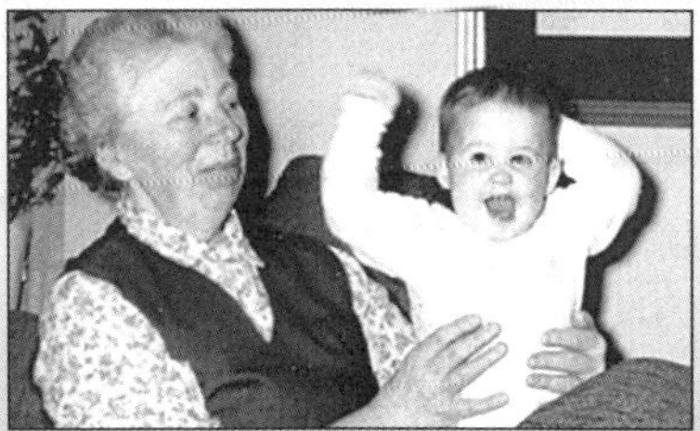

Adams' Enkelkinder Cindy und Beth Alexander

machten sich auf den Weg in das gemütliche Haus für die kalte Jahreszeit.
Die neue Adresse für Briefe aus der Heimat: 1070 Mill Road Circle Rydal (Pennsylvania). Nächstgrößter Ort: Hauptstadt Philadelphia. Martha zog in ein kleines Haus auf dem großen Parkgelände, einen Steinwurf von Adams Villa entfernt.
Im Advent hatten wir uns den Spaß gemacht, mit unseren Kindern für Tante Martha ein Pfefferkuchenhaus zu backen. So richtig von Grund auf mit vielen Leckereien und einer doppelten Portion Zuckerguss. Schließlich hatte das Backwerk einen langen Weg zu überstehen, dennoch, dieser Versuch brach in der ersten Nacht zusammen. Aber es machte nichts! Wir kneteten einen neuen Teig, gaben den Wänden noch mehr Zuckergussputz – und das Kunstwerk war standfest. Maßgerecht hatte mein Mann eine stabile Holzkiste gezimmert und darin verschwand die süße Pracht. Dass die Überraschung gut angekommen war, beweisen Marthas Fotos. Sie zeigen auf dem Tisch auch eine schöne Handarbeit. Martha nannte diese Loch- und Vestonstickerei „meine Heimwehdecke". Sie entstand in den Jahren 1923 bis 1926, war noch im Hause der Tante angefangen und in den ersten Ehejahren vollendet. Das Monogramm „MH" zeigt den Mädchennamen. 1985 befand sich auch diese Decke im Gepäck der Heimkehrenden. An vielen Stellen von Martha und Käthe sorgfältig gestopft, ist sie heute im Deutschen Auswandererhaus Bremerhaven zu bewundern.
Da nun das Ehepaar Adams nicht für eine längere Urlaubszeit auf Martha verzichten wollte, schlug Mr. Gordon vor, die Schwestern mit Familie einzuladen. Also ließ Martha Käthe wissen, dass sie sich für die Sommerferien 1968 auf eine Amerika-Reise vorbereiten möchten, zu viert. Weil Sohn Uwe schon selber eine Familie hatte, verzichtete er auf das Unternehmen.
Bremen – Frankfurt – Boston – Philadelphia, Familie Groth trat am 13. Juli 1968 die große Reise an. Für die Rückreise der Gäste hatten die Sponsoren sich eine Fahrt am 10. August von New York nach Bremerhaven mit der „Bremen" ausgedacht.

Die Lagune Mantoloking

Am Strand mit neuen Freunden

Ute

Eingeladen: Käthe und Familie in Amerika

Martha, Käthe, Marita und Ute in Rydal

Dieser Besuch war für Martha die Erfüllung des über Jahre gehegten Wunsches, ihren Angehörigen die Heimat Amerika vorstellen zu können. Die erste Station war das Quartier im Sommerhaus von Mantoloking. Hier besaßen die Adams' mehrere Sportboote, sie lagen in Wintersclub in Barnegatbay. Schwager Ewald zeigte sich für Mr. Gordon als ein idealer Partner. Er war Eigner eines selbst gebauten Holzsegelbootes, mit dem er 1956 mit Uwe und einem 17-jährigen Bekannten von Ribnitz in Mecklenburg über die Ostsee in den Westen geflohen war. So sah man die beiden Wassersportler fachkundig an Mantoloking vorbeisegeln, während die „Damenwelt" sich an der anderen Seite der Lagune, am Strand des Ozeans, vergnügte. Ferien wie aus dem Bilderbuch!

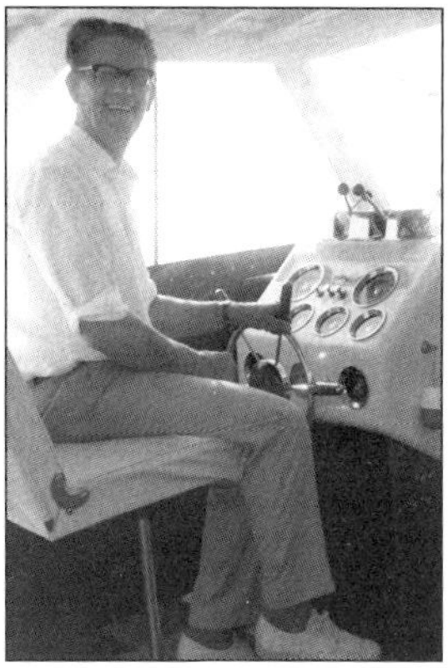

„Kapitän" Ewald

Zweite Station war Marthas Bungalow in Breton-Woods, zur freien Entfaltung der Gäste und bei bester Verpflegung. Schwager Ewald, ein äußerst tüchtiger Handwerker, erkannte sofort, was am verwaisten Holzhaus nicht mehr ganz in Ordnung war. Er deckte das Dach neu, besserte die Außenwände aus. Die Töchter Ute und Marita umrahmten Marthas Blumenbeete mit am Strand gesammelten Muscheln. Mutter Käthe wirtschaftete im Hause mit Vorräten des von Martha vollgepackten Kühlschrankes. Die befreundeten Nachbarn gaben Gartenpartys zu Ehren der Gäste aus Deutschland. Marita schloss Freundschaft mit Nancy, Ute spielte mit Louellen.

Unsere Rückreise 10. Aug. 1968 24°° ab New York – Bremerhaven an 17. Aug. 1968 14°°

NORTH GERMAN LLOYD
PASSENGER AGENCY INC.
666 FIFTH AVENUE, NEW YORK, N. Y. 10019 · TEL. 757-9300

September 4, 1968
sol

Mr. Ewald Groth
c/o Mrs. Martha Seegers
Breton Woods, N.J.

Dear Mr. Groth:

In sorting out some pictorial material, I came upon an extra print of a picture which our public relations photographer had taken of you, Mrs. Groth, Marita and Ute aboard our vessel.

I thought you might want this photograph as a memento. It is my pleasure to send it to you enclosed herewith. No charge of course; compliments of North German Lloyd!

Sincerely,

NORTH GERMAN LLOYD
Passenger Agency, Inc.

H.C. Schied

6-E
HCS:is
ENC

An meine Königsfamilie
Ihr müsst ja einen fabelhaften
Eindruck mit den Norddeutschen
Lloyd hinterlassen haben
Diese Ehre das man Euch dies
Bild zusendet war nach
Breton Woods gesandt
Na Ihr hattet die Ferien
verdient und es freute mich
Euch eine Freude mit der
amerika Reise gemacht zu
haben In inniger Liebe
Eure Martha

Martha an Käthe

In Breton-Woods „Antüddeln" spielen

Nancy Watson und Marita Groth

An ihren freien Tagen kam Martha mit dem Auto. Ließ den Besuch einsteigen. Sie zeigte ihnen das Winterhaus in Rydal, und sie besuchten die alte Geestemünder Freundin Aenne Schoon, die in der Zeit in Lake Mohawk wohnte.

Ein Tag New York stand als letztes auf dem Programm. (Wie mir berichtet wurde, fand die Besichtigungstour mit einer großen Limousine statt.) Dieses Vergnügen wollte Martha ihren Gästen noch mitgeben, bevor sie gemeinsam an Bord der „Bremen" gingen. Der Tag des Abschieds, der 10. August, war gekommen. Zufrieden blieb Martha – mit ihrem Fahrer – zurück, als das Schiff ablegte. Aus eigener Erfahrung wusste sie ihre vier Bremerhavener an Bord des Ozeanriesen in besten Händen.

Das später an Marthas Gäste geleitete Begleitschreiben vom „North German Lloyd" zu einem Bordfoto der Familie Groth galt damals für das Ehepaar Adams und Martha sicherlich als ein beglückender Abschluss dieser Sommereinladung.

Familie Groth auf der „Bremen"

Das Sommerhaus hat Feriengäste

Marthas „Car“

Barnegat Bay

An Adams' Privatstrand

Michael fand einen Pfeilschwanzkrebs

... und als ein Jahr vergangen, willkommen Familie Wolff in Amerika

Martha, umgeben von unserer Familie

1969 traf das große Los unsere Wolff-Familie. Martha schickte rechtzeitig die Flugkarten für die Sommerferien. Wir waren sechs Personen! Es blieb genügend Zeit, Reiseinformationen zu studieren, englische Vokabeln zu lernen, Sommerkleidung zu nähen. Bremen – Frankfurt – Boston – Philadelphia, so auch unser Lufthansa-Flug am 30. Juni 1969.

In der Wartehalle vom Airport Philadelphia entdeckten wir in der Menge wartender Menschen einen Unbekannten mit dem Pappschild „Seegers" am langen Stock in Händen. Um dieses Schild versammelten wir uns voller Vertrauen. Unser Lotse führte uns vor die Halle zu seiner äußerst langen Limousine. Er half mit unbewegter Mine, das Gepäck zu verstauen und ließ uns einsteigen. Während der Fahrt über die fremden Straßen sprach er kein einziges Wort. In dem Wagen schien das Unbehagen zu knistern. Dann, nach anderthalb Stunden stoppte der Fahrer plötzlich. Er war am Stadtrand von Lakehurst angekommen. Dort erwarteten uns, neben ihren Autos stehend, Martha und das Ehepaar Adams. Alles und alle wurden mit vielen „Nice to see you" und großer Begrüßungsfreude umgeladen. Der unheimliche Fahrer war auf und davon – und das Leben wieder schön.

Der Seegerssche Bungalow in Breton-Woods war für uns „Wölffe" als Gasthaus vorbereitet. Marthas Freundinnen aus der Nachbarschaft, Ruth Watson und Ellen Mortimer, hatten sich als Überraschung einen festlich gedeckten Willkommenstisch ausgedacht, und obwohl wir von der Reise mehr erschöpft als hungrig waren, saßen wir noch lange Zeit mit Martha in ihrer großen Wohnküche zusammen. Für die nächsten vier Wochen war das geräumige Haus unser Hauptquartier. Die kleine Strand am 200 Meter entfernten Fluss Metedekong (ein schöner Name indianischen Ursprungs) sah uns oftmals bereits vor

Martha und die „Wölffe" vor Adams' Haus in Rydal

„Kapitän" Willy

Mrs. Christine Adams

Marthas Geburtstag an Bord von Mr. Adams' „Wirbelwind"

Marthi und Christine

Am Papier-verbrennungsofen

dem Frühstück. Stand kein Ausflug auf dem Plan, sprangen wir auch am Nachmittag noch einmal in die salzigen Fluten. Das Klima war schön – wie am Mittelmeer –, aber von ungewöhnlich hoher Luftfeuchtigkeit.

Martha, eben um die Ecke in Mantoloking, kam täglich („So nahe seid ihr mir nicht oft!“) und packte gute Sachen in den Kühlschrank. Sie nahm mit Mrs. Adams auch teil an den Gartenpartys, die ihre Freunde für uns gaben. Volkslieder mussten wir singen, und man nannte uns „The Wolff-Singers“. Da dieses idyllische Breton-Woods ohne jede öffentliche Verkehrsanbindung war, entschieden wir uns, ein Auto zu mieten. Freund Jack Mortimer aus der Nachbarschaft bot sich als Berater an – und schon stand ein gebrauchter Plymouth Fury III vor dem Haus. Nun, selbst motorisiert, lag es nahe, „Amerika erobern“ zu wollen. Jedoch als wir vor ausgebreiteten Landkarten saßen und uns Ziele überlegten, erkannten wir Größe und Weite dieses Landes – und unsere Grenzen.

Martha tröstete: „Ich zeige euch Rydal, von dort aus nehmt ihr den Weg nach Washington und seht euch Präsident Nixons Weißes Haus an.“ Für die Mautgebühren an der „Turnpike“ – amerikanisch für „Autobahn“ – stattete die erfahrene Autofahrerin uns mit einem Beutelchen voller Kleingeld aus. Zwei Tage blieben wir im wunderschönen Rydal. Martha fuhr noch am Abend zurück nach Mantoloking.

Mitten in der Nacht klingelte uns die Polizei aus den Betten. Das fremde Auto im Garten war verdächtig. Mr. Adams ließ auch dieses Haus überwachen, hatte aber nicht daran gedacht, die Polizeistation Rydal zu informieren. Ein kurzes klärendes Gespräch und die verschlafenen Gesichter überzeugte die Jungs von der Police-Patrol von unserer Harmlosigkeit. „Okay! Have a nice trip!“

Marthi im geliehenen Plymouth Fury III

Warteschlange vor dem Weißen Haus

Bei Mortimers Gartenparty am Metedekong

(Mr. Adams war zufrieden, dass die Polizei seinen Auftrag ernst genommen hatte!) Wir waren begeistert vom Haus in Rydal. Es war gediegen eingerichtet. Mr. Adams hatte eine große Bibliothek, Bilder von Hopper an den Wänden, und zwischen den Doppelfenstern konnten wir Mrs. Adams' auserlesene Sammlung kunstvoller Glasarbeiten bewundern.
In der Küche fanden wir Marthas Spruch „Heimat ist, wo das Herz ist", und aus dem Fenster sahen wir in den Garten, der ein großer Park war. Rehe kamen bis dicht an das Haus, Skunks kletterten im Buschwerk, graue Eichhörnchen spielten in den alten Ahornbäumen. Mrs. Adams hatte uns ein Vogelbestimmungsbuch geschenkt, und so konnten wir den Roten Kardinal, den Blue Jey und die kleine, schillernd getupfte Mourning-Dove bestimmen.

Der Rote Kardinal

Martha und das Ehepaar Adams nahmen unser großes Interesse am Erkunden Amerikas freudig wahr. „Es wird noch schöner", meinten sie und nannten uns weitere Ziele. Nur als wir eine Fußwanderung durch das nahe gelegene Seegebiet Fort Dix machen wollten, warnten die Erfahrenen: „Es gibt keine Fußwege! Amerika wandert nicht, es fährt mit dem Auto!" Wir wollten das testen, mein Mann und ich. Am Ende gerieten wir in eine Siedlung verstreut liegender kleiner Holzhütten an kaum begehbaren Wegen. Den zahlreichen schwarzen Bewohnern vor den Türen konnten wir das Erstaunen über die fremden „Wanderer" anmerken. Eine Tagebuchnotiz: „Der Poison Joy (giftiger Efeu) versperrt alle Pfade. Den überall herumliegenden Müll und Haushaltsabbruch haben wir gar nicht fotografiert. Es ist entsetzlich heiß."

Zum Abkühlen durften wir den menschenleeren Strand der Adams' benutzen, in der Brandung des Atlantischen Ozeans toben, Muscheln sammeln, uns ausruhen. Martha in unserer Mitte sagte: „Viel zu wenig nutze ich die Gelegenheit,

Im Centralpark

mich hier zu entspannen!" Nun hatte sie Spaß an unserem Spiel mit Wellen und Wind. „Was wollt ihr nur mit all den gesammelten Muscheln?" Michael war begeistert, er fand einen noch nie gesehenen großen Pfeilschwanzkrebs. Marthas 63. Geburtstag feierten wir verspätet an Bord der Yacht „Wirbelwind". Das Ehepaar Adams lud uns zu einer Fahrt über die Barnegat Bay ein. Zwischendurch durfte mein Mann das Schiff an der Lagunenlandschaft vorbei steuern. Auf dem Foto sieht man, wie sehr Martha sich an der munteren Geburtstagsgesellschaft erfreute (s. S. 144/146).

Die Ferien waren durchzogen von Kontrasten. Als nächstes stand New York auf dem Plan.
Martha hatte uns mit Informationsmaterial versorgt, riet aber, das Auto stehen zu lassen und ab Lakewood den Linienbus zu benutzen. Nach anderthalb Stunden endete die Fahrt im mehrstöckig angelegten Busterminal unterhalb des Lincolntunnels. Angekommen in New York, zwischen Bussen soweit das Auge reichte und einem Gewirr von eiligen Menschen im Morgentrubel. Immerhin fanden wir Gate 117, den Punkt unserer Rückfahrt. Es regnete, als wir uns auf den Weg machten, die Metropole zu erkunden.
Das überwältigende New York war sehr anstrengend, deswegen nahmen wir uns am folgenden Sonntagmorgen das kleine Fischerdorf Point Plesand zum Ziel. John Steinbeck hatten wir gelesen, u.a. „Meine Reise mit Charly", „Die Leute von Tortilla Flath" und „Die Straße der Ölsardinen".
Im Hafen von Point Plesand erinnerte fast alles an Steinbecks Bücher: die Fischfabrikbauten, der Hafen, die kleinen Kutter, die Hafenkneipen, obwohl Steinbecks Connery Row im kalifornischen Fischerstädtchen Monterey zu finden ist. Wir waren gerne an diesem besonderen Ort.

Das Fischerdorf
Point Plesand

Michael am Strand –
Idylle selbst bei Wind und Wetter

Seaside Hights N. Y.

An einem Abend nahm Martha uns mit zum größten Rummelplatz, den wir je sahen: Seaside Hights N.Y. Eingebettet in die Lagunenlandschaft, war dieser Platz zur Touristenattraktion ausgebaut worden. Martha erzählte, dass dieses Gebiet noch vor Jahren für eine breitgestreute Bevölkerungsschicht, ein einfaches, freies Ferienparadies gewesen sei. An den Strandstraßen viele kleine Verkaufsbuden, deren Inhaber mit bescheidenen Einnahmen sich und ihren Familien das Auskommen sicherten. Dann aber waren Touristikmanager gekommen: „Wir reißen hier alles ab, bauen neue Geschäftshäuser, in die ihr mit Angeboten wieder einziehen könnt." Keiner der Budenbesitzer konnte die hohe Miete aufbringen. Supermärkte zogen ein. (Das war vor dreißig Jahren in Amerika. Inzwischen werden diese Praktiken längst auch in Europa angewandt.)
Ein Abendessen in Mantoloking, zu dem das Ehepaar Adams uns eingeladen hatte, war von Martha zubereitet worden, ein Sommerfest als Abschluss dieser unvergesslichen Zeit. Mr. Adams gab Willy mit auf den Weg, ob er nicht eine Filiale in Deutschland für die Produkte seiner Fabriken eröffnen wolle. Ein ernst gemeintes Angebot, das nicht erfüllbar war.

Die Visitenkarte des Arabers

Zum Flughafen brachten Martha und Freunde uns, und als wir zwei Stunden wegen eines Streiks auf den Abflug warten mussten, gab es noch einen Spaß am Airport Philadelphia: Ein Araber sprach uns an, er wollte gerne von meinem Mann unsere beiden Töchter Franziska und Christine für seine Söhne zum Heiraten anwerben. Seine Vermögensverhältnisse, seinen Stand und den Heimatort Teheran nannte er. Als Zeichen ernster Absichten übergab der äußerst freundliche Herr uns seine Visitenkarte. Mit diesem Angebot in der Tasche bestiegen wir fröhlich die Maschine und waren am 29. Juli wieder in Bremerhaven.

Am Flughafen Bremen

Martha – unser Mittelpunkt

Cousine Anni *Nichte Hannelore*

„Heimweh" – erster Flug nach zwölf Jahren

In Hannas Küche:
noch immer rot-weiß kariert

1971 – wieder war es der späte Herbst, als Martha das große Heimweh nach der alten Heimat packte. „Homesickness?", fragte Mr. Adams. „Lass Aenne kommen und flieg' für 14 Tage nach Deutschland."
Aenne, Marthas Geestemünder Freundin, kam sofort aus Florida. Sie war dem Haus Adams durch häufige Besuche vertraut, und Martha wusste Mrs. Adams in bester Betreuung.
Zwölf Jahre lagen zwischen dem letzten Heimatbesuch mit der „Bremen" und diesem ersten Flug mit einer Lufthansa-Maschine. Martha war glücklich. Ich glaube, dass sie in einem kaum vorstellbaren Grad die alte Heimat in sich trug als etwas sehr Wertvolles. Alte Straßen in Geestemünde wollte sie wieder sehen, die Stimmungen am Weserdeich erleben, die Stille der Friedhöfe spüren und das bunte Leben in den Familien der Schwestern. Wie selbstverständlich war Martha unser Mittelpunkt.

Mr. Adams Marge

Mrs. Adams

Mr. Adams

Beth

Mrs. Adams

Goeffrey

Cindy

Marge

Martha und Adams' Enkelkinder

Marthas Lieblinge:
Beth, Geoffrey und Cindy

Wie sehr Martha auch zu einem Teil der großen Adams-Familie wurde, erzählen Weihnachtsfotos aus mehreren Jahren, die mir von Adams' Tochter Marge Alexander für dieses Buch geschickt wurden.
Die engen Bindungen zwischen Martha und den heranwachsenden Enkelkindern kommentierte Großvater Gordon Adams mit den Worten: „Großmütter können die Kinder gar nicht genug haben."
Die kinderlos gebliebene Martha erfreute sich der Zuneigung, und eine Fotografie der drei Alexander-Kinder Beth, Geoffrey und Cindy trug sie ständig in der Handtasche.

Für „Martha" – Familie Adams in Rydal

Herbst in Rydal

Der Sportboothafen
von Barnegat Bay

Philadelphia

Zwei Einladungen nach Rydal

Im Oktober 1973 holte Martha Schwester Käthe mit Ehemann und Tochter Ute für vier Wochen ins schöne Rydal. Die großen Bäume des Parks zeigten schon die ersten Farben des „Indian Summer", trotzdem war es noch richtiges Wetter für den Wassersport. Mr. Adams und Schwager Ewald, die begeisterten Skipper, verbrachten viel Zeit mit den Booten an der Barnegat Bay, Martha entführte die Damen in die großen Kaufhäuser von Philadelphia und zeigte ihnen die Stadt.

Am 31. Oktober erlebte Ute, von Tante Martha begleitet, ihren ersten und einzigen amerikanischen „Halloween-Abend", dessen weiße Spukgeister und ausgehöhlten Kürbisgesichter auch die vornehmsten Rydal-Häuser besetzt hatten. „Trick or treat" („Streich oder kleine Gabe"). Der Gang durch die Dunkelheit brachte Ute eine gefüllte Tasche Leckereien ein – und vergessen hat sie diesen unheimlichen Abend nie. (Der Legende nach erscheinen alle bösen Geister, für die ansonsten im Kirchenjahr kein Platz ist, am Abend vor Allerheiligen.)

1978 lud Martha mich nach Rydal ein. Sie war inzwischen in das große Haupthaus umgezogen, um der an Demenz erkrankten Mrs. Christine Adams näher zu sein. Das Gartenhaus bewohnten Billy und Bill, das Housekeeper-ehepaar mit einem großen Aufgabenbereich.
Mr. Adams hatte zwar seinem Sohn Bob den Hauptanteil an seinen Fabriken übergeben, konnte sich aber nicht lösen von seinem Lebenswerk und kam an manchen Tagen erst spät aus dem Büro. Martha und Mrs. Adams erwarteten ihn gesprächsbereit, wenn auch, wie ich beobachtete, mitunter „eingenickt" vor dem Fernseher. Martha erzählte, dass der späte Heimkehrer diese Gespräche am Abend über seine Geschäfte sehr mochte, wie sie ihn entspannten.
Übrigens: Trotz eines erkennbar warmherzigen Miteinanders – Martha wahrte über die vielen Jahre den Abstand. Für sie waren Hausdame und Hausherr Mrs. und Mr. Adams.

Federzeichnung von Michael Wolff

Christine und Gordan Adams

Glückliche Weihnachtszeit

Ich erinnere mich, dass ich in den Novembertagen Dosen voller Plätzchen für die Adventszeit gebacken habe. Mr. Adams spazierte am Abend erst mal durch die Küche und aß mit Vergnügen die ein wenig zu dunkel gewordenen Sterne und Herzchen. „Es riecht nach Kindertagen", sagte er.
Wo ich konnte und durfte, half ich Martha. Sie selbst hatte sich voll auf die Pflege der kranken Christine Adams eingestellt. Wenig hatte sie sich selbst geschont, und wie sie sagte: „Meine dienstbaren Geister, so selbstverständlich benutzt, gehorchen mir nicht mehr!" Es waren die Knie, die ihr zu schaffen machten, und das trüber werdende Augenlicht. Außerdem war der liebe Hund Tapper gestorben, und der junge Schnauzerrüde Bee-Bee forderte seine Zuwendungen. Ich unternahm große Spaziergänge rund um die Circle-Road mit ihm und ließ ihn im Garten toben.
In dem „schönen Haus der leisen Töne" war auch der junge Hund ruhig. Außer es klingelte der Wäschemann an der Küchentür. Dann zeigte Bee-Bee mit nicht enden wollendem Gekläffe, dass er diesen Kerl nicht leiden konnte.

Mein Freund Bee-Bee

Cousinen- und Freundschaftstreffen bei uns im Eckernfeld

Käthe, Martha und Hanna in Erwartung der Gäste

Erna *Herr Lukas* *Friedrich*

Ungewöhnlich: zur Frühlingszeit in der alten Heimat

1981 und 1984, in beiden Jahren erlebte Martha zum ersten mal den Frühling in der alten Heimat – und wie immer war um sie herum ein buntes Leben.
Ein Zufall hatte uns auf die Spur ihres Jugendfreundes Friedrich gebracht. Mit seiner Frau und ihm hatten wir Kontakt aufgenommen. Er war noch vor dem Zweiten Weltkrieg aus Amerika zurückgekommen, hatte seinen Zimmereibetrieb im Landkreis aufgebaut und war nun Rentner. Seine liebe Frau Erna lud uns alle zum Kaffee ein. Ute musste Tante Martha ganz fein machen für dieses Wiedersehen und „bitte weg mit dem Handstock!" So kamen Martha und Friedrich – Ende der zwanziger Jahre auf einem plattdeutschen Vereinsfest in New York beim Tanzen von Ehemann Willy „erwischt" – nach mehr als fünfzig Jahren bei Kaffee und Butterkuchen wieder zusammen. Ein fröhlicher Nachmittag mit einem Zigarrenkasten voller Fotos aus Amerika-Zeiten. Friedrich erzählte vom Milchgeschäft in Brooklyn, Martha von der Bäckerei in New Jersey. „Martha ist ja eine ganz ‚staatige' Frau", meinte Friedrich, und als ich ihn heimlich und verschmitzt frage: „Sag´ mal, wie war das denn mit euch beiden in jungen Jahren?", war seine Antwort: „Dar weet ick nix mehr van aaf." (Davon weiß ich nichts mehr!)

1984. Der norddeutsche Mai zeigte sich in der Zeit bis zu Marthas Rückflug von seiner schönsten Seite. In meinem Kalender habe ich nachgelesen, dass wir die blühende Landschaft als malerischen Hintergrund für unsere Aktivitäten einspannten. Wir fuhren mit dem lieben Gast „über die Dörfer". Geest, Marsch und Moor, der pensionierte Schulmeister Willy erklärte seiner aufmerksamen Schwägerin die unterschiedlichen Strukturen. In allen drei Gebieten hatten wir Verwandte zu besuchen. Auch Worpswede stand auf dem Plan. Mr. Adams, der Kunstliebhaber, hatte um Literatur und schöne Kunstkarten aus dem ihm wohlbekannten Künstlerdorf bei Bremen gebeten.

Martha mit ihren beiden Schwestern

Worpswede

In Debstedt

Fotos von den Landpartien im Frühjahr 1984

Vier Geburtstage, die zu Gartenfesten wurden, fielen in die Maientage, und schließlich wurde auch noch der Kontakt zu dem gastfreundlichen Ehepaar Erna und Friedrich durch Gegenbesuche vertieft.
Martha wohnte bei unserer verwitweten Schwester Käthe, und zum Mittagessen vor dem Abflug wünschte sie sich von mir ihr Lieblingsgericht aus alter Zeit: „Buntes Huhn“. Ein echt norddeutscher Eintopf, der zu gleichen Teilen aus Weißen Bohnen, Möhren und Kartoffeln mit Schweinefleisch und Kochwurst sowie sehr viel Petersilie (zum Schluss) gekocht wird – mein Abschiedsgeschenk, das die große Familie noch einmal zusammenbrachte, bevor wir Martha am 16. Mai 1984 zum Flugplatz begleiteten.

Als die Achtundsiebzigjährige vom Lufthansa-Service im Rollstuhl zum Flugzeug gebracht wurde, konnten wir dieses Bild nur schwer ertragen. Sie ließ uns zurück mit all unserer Zuneigung und Liebe, die sich auch in diesem langen, von Abschiednehmen und Wiedersehen durchzogenen Leben nicht abgenutzt hatten.
Dass Martha ihren Lebensabend in Bremerhaven verbringen möchte, hätten wir uns gewünscht. Ihre Idee aber war, in Amerika zu bleiben und später bei der Freundin Aenne im klimatisch so angenehmen Florida zu leben. Ein anderer Gedanke war, sich in eine der äußerst schön gelegenen und vorbildlich eingerichteten Seniorenfarmen in Pennsylvania einzukaufen. Viele Freundschaften wusste sie in der Nachbarschaft.
Nun aber, am Abend des 17. Mai 1984, war die Reisende erst einmal gut angekommen und rief aus Rydal an: „Ich bin wieder daheim, man hatte mich sehr vermisst, schönste Blumen stehen in meinem Zimmer, und Bee-Bee ist völlig aus dem Häuschen vor Freude.“ Mit Hingabe füllte sie die Lücke an der Seite der kranken Mrs. Adams wieder voll aus. Martha war wieder da, und der geregelte Tagesablauf zu des Hausherrn Zufriedenheit auch.

Abschiedsbesuche bei Freunden

Marthas Abschied von Rydal

Dann wurde Mr. Adams, der schon viele Jahre einen Herzschrittmacher trug, sehr krank und starb. Seine Frau Christine, nun von Martha noch liebevoller betreut, hatte die fortschreitende Demenz vor der Wahrnehmung des großen Verlustes geschützt. Sie schlief einige Monate nach dem Tod ihres Gordon ein. Abschied zu nehmen von diesen beiden lieben Menschen war für Martha ein tiefer Schmerz und bedeutete auch das Ende ihres Aufenthaltes in Rydal. Viele Monate blieb Martha noch in dem einsam gewordenen Haus mit Bee-Bee, umsorgt von Housekeeper Billy Slover und in gutem Kontakt mit Adams' Kindern. Zum Abschiednehmen im November wünschte sie sich ihre Familie und lud Käthe und Ute, Willy und mich ein für die Zeit vom 2. bis 23. November 1985.

Natürlich war es für uns eine schöne und besondere Zeit, zu der gegen Ende auch Aenne aus Florida kam. Sie wollte Martha im Dezember mit nach Orange City in ihren Bungalow nehmen. (Und Hund Bee-Bee auch.) Und wie sahen unsere Wochentage aus? Martha verteilte die „Ämter“: Willy und Ute übten den Cadillac zu chauffieren, und das klappte dann auch gut. Bee-Bee in der Frühe auszuführen und Holz für den Kamin zu hacken, übernahm mein Mann gerne. Käthe war als Einkäuferin in ihrem Element, Ute Herrin über die Waschmaschine, sie fand sich sofort im technischen Bereich des Hauses zurecht, und ich wurde zum Kochen und Backen in die Küche dirigiert.
Martha hatte ein Abschiedsprogramm aufgestellt. Als erstes nahm sie uns mit in zwei Gottesdienste, an einem Wochentag zu den Presbyterianern, wo nach Andacht und Blasmusik Kaffee und Kuchen gereicht wurden. Als Gäste aus Deutschland begrüßte der Prediger Marthas Familie besonders.
Am Sonntag begleitete sie uns zur evangelisch-lutherischen Kirche Gloria Dei. Voller Verwunderung erlebten wir, dass der Pfarrer mit seiner schwungvoll dar-

Abschied von Mantoloking – Adams' Sommerhaus steht zum Verkauf

Marthas ehemaliger Bungalow

gebotenen Predigt die Gemeinde mehrmals zum Lachen und zum Beifallklatschen brachte. Eine fröhliche Kirche, bis auf den letzten Platz gefüllt von einzelnen Besuchern und Familien – alle auf das Feinste gekleidet.
Am 8. Tag, bei herrlichstem Wetter, verkündete Martha: „Heute fährt Willy uns nach Lakewood, wir sagen den alten Plätzen Goodbye." Breton-Woods baumbestandene Straßen trafen wir noch genau so anheimelnd an wie einst, aber Marthas ehemaliger Bungalow und der Garten sahen ziemlich verwahrlost aus. Nicht so der liebe, alte Freund Jack Mortimer, der glücklich war uns wiederzusehen. Er war seit einigen Jahren Witwer, und bei diesem Besuch machte er Martha einen Heiratsantrag, wollte sie auch gleich in sein einsames Haus holen. Keine schlechte Idee, aber eigentlich war unsere Martha nur zum „Tschüß-Sagen" gekommen.

Jack Mortimer

Mantoloking war noch eingeplant. Dort stand abgeschlossen zum Verkauf und auch irgendwie kalt von Angesicht das vorzeiten so freundliche Sommerhaus der Adams-Familie. Doch den Weg zum Atlantik hin geöffneten Strand hinter den Dünen kannten wir noch, und mit Wehmut schauten wir auf den großen Ozean – und zurück auf fröhliche Sommertage. Martha, die im Auto geblieben war, sagte bei unserer Rückkehr: „Hier war ich viele Sommer lang sehr glücklich."

In diesen Tagen konzentrierten sich unsere Gespräche immer wieder auf einen Punkt: Sollte Martha nicht doch besser ihren Lebensabend für Bremerhaven planen? Auch Adams' Sohn Bob und dessen Frau They hielten diese Lösung für die richtige.
Sie hatten uns in ihr Haus zu einem festlichen Abschiedsessen eingeladen. Katie, das junge Amish-Mädchen, war dort die gute Seele für Küche und Haus.

Bei den Amish

The James Buchanan Foundation
for the Preservation of Wheatland
1120 Marietta Avenue
Lancaster, Pennsylvania
717-392-8721
Open daily April through November
10:00 - 4:15

Marthas Nachfolgerin: Housekeeper Billy Slower

Ein letztes Kaffeetrinken in Rydal am 11. 11. mit Frankfurter Kranz

Zwischen Martha und Katie bestand ein erkennbar herzliches Einvernehmen, und mit uns sprach sie in einer alten Pfälzer Mundart, die sich in dem modernen amerikanischen Haus ganz besonders liebenswert anhörte.

Katie lud uns zum Wochenende ein in ihr Elternhaus nach Lancaster, dem Amish-Gebiet in Pennsylvania. Im Ort Leola fanden wir das Haus. Die Eltern, Rachel und Daniel Glick, empfingen uns herzlich, und wir hörten uns bald in ihr altes Pfälzerisch hinein. Sie bewirteten uns mit Kaffee und Melassekuchen, zeigten uns die vier Pferde im Stall, ein Kalb, die Hühner und die Kutschwagen im Unterstand. Selbstgebaut, wie alles in der Siedlung, in großer Gemeinschaftsarbeit. Es gibt keinen elektrischen Strom, keine Heizung, nur in der Küche eine Gaslampe, versorgt mit Flaschengas, sonst Kerzen, wie in den „Bubestüble" und „Mädlekammern". Fotos sind nicht erlaubt, der Familienstammbaum, auf Leinen gestickt, ziert die Wand. Gottesdienst wird im Wechsel in den Häusern abgehalten. Sie singen und beten sehr langsam in einem alten Deutsch. Für uns war es ergreifend zuzuhören, wie Daniel Glick, mit seinem langen Bart eine echte biblische Gestalt, aus dem Gesangbuch uns andächtig ein Kirchenlied sang.
In einem Farmermarkt der Amish kauften wir aus dem großen Angebot der Eigenprodukte Obst und Gemüse ein.
Auf dem Rückweg ist uns das James-Buchanan-Museum in Lancaster einen Besuch wert. Buchanan (1791–1868) war der 15. Präsident der USA.

Im Hause am Mill Road Circle war Aufbruchstimmung. Wir sortierten mit und packten für Martha. Bob Adams und Hausmeister Bill räumten Boden und Keller.

Dezember 1985: Martha angekommen bei Freundin Aenne in Florida

Aennes Bungalow

Bee-Bee ist immer dabei

Für Martha war dieser November ein Abschiednehmen auf Raten. Ihre Gelassenheit bewunderten wir. Martha, mit Blick auf das noch so perfekt eingerichtete Haus: „Wie wenig der Mensch doch wirklich nötig hat, wenn eine große Veränderung des Lebens bevorsteht.“ Sie wünscht sich noch einen „Frankfurter Kranz“. Dieser sollte die Erinnerung an den Geburtstag unserer Mutter im November erhalten und den bevorstehenden Abschied mildern. Gegen Ende November kam Aenne aus Florida. Die Entscheidung war gefallen. Eine lebenslange Freundschaft und großes Vertrauen würde das Miteinander tragen. Außerdem war Aennes Haus in Orange City über viele Jahre das Ziel von Marthas Ferienbesuchen gewesen.

Am 23. November flogen wir wieder nach Deutschland. Kurze Zeit danach machten die beiden Freundinnen sich auf die Reise nach Florida. Im Fluggepäck die kleine Box mit Hund Bee-Bee.

Freundin Aenne

Flora und Fauna in Florida

Marthas Wunsch: Zurück nach Bremerhaven

Zufriedene Telefongespräche erreichten uns aus Amerikas sonnigem Süden, bis wir Mitte Januar die erschreckende Nachricht bekamen, dass Martha mit einem kleinen Schlaganfall im Krankenhaus läge. Als sie wieder klar denken konnte, hatte sie gewünscht: „Wenn ich wieder transportfähig bin, sollen Willy und Hanna mich nach Bremerhaven holen!"

Am 21. Januar rief They Adams an, dass sie unsere Flugtickets für die Pan-Am schicken würde. Am 28. hatten wir sie in Händen. Am 11. Februar starteten mein Mann und ich nach Orlando in Florida. Dort landeten wir um 21 Uhr 18. Aenne und ihr Nachbar holten uns ab. Mit dem Auto fuhren wir noch eine Stunde bis Orange City.

Für die Zeit des Aufenthaltes waren wir Aennes Gäste und fühlten uns sehr wohl in ihrem Hause. Nach ein paar Tagen übergab sie meinem Mann die Autoschlüssel und ließ sich gerne von ihm chauffieren.

Martha hatte man als Pflegefall unmittelbar vom Krankenhaus aus in ein Altersheim nach Orange City eingewiesen. Fünfzehn Autominuten von ihrem Haus entfernt, besuchte Aenne jeden Tag die kranke Freundin, brachte und wechselte die Kleidung. Sie blieb ein paar Stunden. Bee-Bee war in einer guten Hundepension untergebracht.

Das Zimmer, in dem Martha nun lebte, teilte sie mit der 92-jährigen Mrs. Chamberlain. Es hatte für jeden ein Bett, einen Schrank und einen Stuhl. Auf letzterem saß meine Schwester erwartungsvoll am Fenster, als Aenne uns morgens nach der Ankunft vor dem Heim aussteigen ließ.

Groß war die Freude zu sehen, dass es Martha erstaunlich gut ging und sie völlig normal mit uns erzählte. „Jetzt möchte ich mit euch nach Hause fliegen", sagte sie, die zum langsamen Gehen noch zwei Stützen benötigte.

Aus unbegreiflichen Gründen gab die Heimleitung uns keine Erlaubnis, mit Martha ein paar Stunden außerhalb des Hauses zu verbringen. Auch als Bob

Wunderwelt Epcot

Martha bestand darauf, dass wir noch die Weltraumstation Cape Canaveral besichtigen

Adams aus Philadelphia angereist kam, um mit Martha Papiere und Finanzen zu regeln, verweigerte man es ihm, sie anschließend zum Essen auszuführen. Am Tage vor dem Abflug gab die Directrice Wanda um 14 Uhr draußen in der Sonne eine „Joghurtparty“ für die Scheidende. Aenne, Mrs. Chamberlain, Martha, mein Mann und ich, wir alle bekamen einen Becher Joghurt mit Löffel in die Hand gedrückt. Wanda sprach ihr großes Bedauern über Marthas Fortgehen aus.
Zu der Sitzung gesellte sich noch der Notar und unterschrieb eine Vollmacht für Marthas Rechtsanwalt und Vertrauten Peter Thompson, der ein Freund des Hauses Adams in Rydal gewesen war.
Einen Tag später saßen wir in der Limousine, die uns schwerbeladen zum Flugplatz brachte. Aenne und eine Freundin begleiteten uns nach Orlando. „Wir sehen uns wieder in Bremerhaven. Ihr feiert mit mir meinen Achtzigsten!“, hatte Martha ermunternd zu den beiden gesagt. Die Flugroute der Pan-Am von Orlando über Miami, London nach Hamburg verlief kurzweilig. Martha fühlte sich gut betreut und entspannt. Ich hatte ihr gesagt: „Und wenn du es bei deinen Schwestern nicht aushalten kannst, ich gebe dir mein Wort, dass wir dich wieder nach Amerika zurückbringen.“ In Hamburg holten Helfer der Feuerwehr die Heimkehrende im Rollstuhl von Bord, und fürsorglich kümmerten sie sich um das Gepäck. Ein winterliches Deutschland empfing uns bei 12 Grad minus. Aber mit viel Wärme, Freude und bunten Blumen standen meine Schwester Käthe und ihre Kinder zur Begrüßung an der Sperre. Martha zog ein bei Käthe. Behaglich ließ sie sich erst einmal in den weichen Sessel fallen: „Nun bin ich daheim.“
Vieles zur Erinnerung war nach 63 Jahren mit zurückgebracht worden, Fotos von Personen, die ihre Zeit in Amerika begleitet und wertvoll gemacht hatten. Auch für die ganz alte Vergangenheit war ein Eckchen im Reisegepäck reserviert gewesen: Es kam die Pferdebürste meines Vaters wieder ans Tageslicht, die vielgetragene Gemme zum Vorschein, die gestickte „Heimwehdecke“ und

Martha mit ihrem Bee-Bee

Dic Marke von Marthas Ruhesessel: Lazyboy (US-Modell)

1900 1910 1920 1930 1940

der Hochzeitsbrief meiner Mutter vom 25. Dezember 1925. Martha bekam ein behagliches Zimmer eingerichtet in ihrem neuen Zuhause. Sie bestand auf warme Holztöne und Messingbeschläge („wie in Rydal") am Schrank und an der Kommode, in deren oberster Schublade ihre Erinnerungen Platz fanden und jederzeit greifbar nahe waren. Den Wunsch nach einem Ruhesessel (US-Modell Marke Lazyboy) konnten wir erfüllen. Ihn fanden wir in einem Möbelgeschäft der Stadt. „Wie in Abrahams Schoß", sagte die zufriedene Martha, die ein ähnliches Stück in Rydal gehabt hatte. Die Fürsorge der Schwester Käthe, Nichte Utes Beistand und ein guter Hausarzt, der die Patientin regelmäßig betreute, ließen ihre Lebensgeister zurückkehren.

Viele Telefonate mit ihren Freundschaften in Amerika erleichterten die Trennung, besonders von Aenne und von der Adams-Familie. „Wo ist mein Hund Bee-Bee?", hatte Martha bei solcher Gelegenheit gefragt. „Ich möchte ihn nach Deutschland haben!" Das liebe Tier wurde aus der Pension geholt und einem Pan-Am-Piloten, einem Freund von Bob Adams, in der Hundebox überreicht. Im Cockpit und wohlbehütet hatte der ruhiggestellte Bee-Bee den weiten Weg überstanden. Es war am 22. März, als wir zu dritt die Tragebox am Hamburger Flughafen vom lachenden Piloten empfingen. Am nächsten Parkplatz zwischen Hamburg und Bremerhaven machte der noch etwas unsicher auf den Beinen stehende kleine Schnauzer erste Bekanntschaft mit einem norddeutschen Baum. Käthe, meinen Mann und mich kannte er bereits aus Rydals Zeiten! Martha war von Herzen froh, ihren Hund wieder zu haben. Sie genoss die Pflicht, sich um das Wohlergehen des Tieres kümmern zu müssen. Heilsam für sie!

„In Amerika war ich nie ohne Car!" Martha schickte ihre Nichten Ute und Marthi auf den Weg, um ein Auto zu kaufen. Bereits nach wenigen Tagen schaute Martha vom Fensterplatz aus auf ihr eigenes neues rotes Auto. Es gab ihr das Bewusstsein der Unabhängigkeit. Ute besaß einen Führerschein, und damit hatten meine beiden Schwestern ihre Fahrerin im Hause.

Geoffrey Alexander war für 2 Tage zu Besuch bei Martha

Freundin Aennes Elternhaus stand in einer kleinen Straße am Holzhafen in Geestemünde (Foto aus den 1920er Jahren)

Besuch aus Amerika – glückliche Martha

Am 17. Juni überraschten Adams' Enkelsohn Geoffrey Alexander und dessen Freundin Lindsey unsere Familien mit einem Zweitagebesuch. Sie kamen aus Massachusetts und waren in Hamburg gelandet, um eine Rucksackreise durch Deutschland zu unternehmen. Martha wiederzusehen, war ihnen ein Abstecher nach Bremerhaven wert. Wir holten sie von der Bahn ab und in unser Haus, jedoch zum großen Essen zu Ehren der lieben Gäste war der Tisch bei meinen Schwestern gedeckt.
Wohl niemand in der Familienrunde war glücklicher als Martha!
Anschließend nutzten wir den langen Sommerabend, um „unseren" jungen Amerikanern Marthas Heimatstadt zu zeigen, das idyllische alte Wulsdorf, Deich und Schiffe sowie die Arbeitswelt rund um die Häfen. Bei einem Glas Bier auf der „Seuten Deern" erklärten die beiden: „Bremerhaven ist viel interessanter als Hamburg."
Am anderen Vormittag stieg Geoffrey mit Martha in die „rote Car", Lindsey zu uns ins Auto. Wir brachten sie zum Bremer Hauptbahnhof, denn von dort aus wollten die Abenteurer ihre Fahrt beginnen. Vorher zeigten wir ihnen noch die Stadtmusikanten und die Sehenswürdigkeiten am Bremer Marktplatz. Einen Film gaben sie her für die Historie rund um den Roland, bevor sie, mit ihren Rucksäcken beladen, in den Zug stiegen. Herzerfrischend war dieser kurze Besuch für uns – aber besonders für Martha!
Doch dieser Tag hatte noch mehr zu bieten: Planmäßig am Nachmittag landete die Maschine auf dem Bremer Flugplatz, mit der Aenne aus Florida anreiste, in ihrer Begleitung die Nachbarin Meta, sie wollte in der alten Heimat Wiemsdorf Verwandte besuchen. Martha hatte ihr Versprechen gehalten und ihrer liebsten und ältesten Freundin den Flug nach Deutschland geschenkt. Sollte sie doch den 80. Geburtstag miterleben, aber auch, damit die 1925 Ausgewanderte nach langen Jahren für eine Weile wieder Heimatluft atmen könnte. Aennes Elternhaus hatte einst in einer kleinen Straße am Holzhafen in Geestemünde gestanden. Dieser Winkel der Stadt war beim Bombenangriff im September 1944

Martha mit ihrer Freundin Aenne aus Geestemünde

zerstört und nicht wieder aufgebaut worden. Eine Verwandte lebte noch in Geestemünde, und bei ihr schlug die Weitgereiste das Nachtquartier in diesen Urlaubstagen auf. Noch aber standen wir an der Sperre, und nach freudigster Begrüßung führte der direkte Weg nach zu Hause. Das glückliche Wiedersehen verlangte nach Geselligkeit am schön gedeckten Abendbrottisch bei meiner Schwester Käthe. Aenne freute sich über Marthas Wohlergehen, und diese sagte: „Well, ich übe tüchtig, das Schwere leichter zu nehmen als es ist, und meine Entscheidung, doch für immer nach Bremerhaven zurückzugehen, halte ich für die allerbeste. Wer hat schon das Glück, zwei jüngere Schwestern und deren Familien in der alten Heimat zu besitzen? Von allen fühle ich mich umsorgt." Danach zeigte Martha ihrer Freundin das eigene Zimmer, und Hund Bee-Bee war immer dabei.
Aenne blieb über Marthas Geburtstagsfeier hinaus, unterbrochen durch eine Fahrt in den Schwarzwald. Trotzdem gab es noch genug Tage, die der Freundin Martha gehörten. Sie waren ausgefüllt mit Autofahrten in und um Bremerhaven. „Oh, diese sauberen Dörfer!", wunderte sich Aenne immer wieder während der Landpartien.
Am 24. Juli 1986 startete ihre Maschine in Richtung Florida. Einen Tag vorher hatte Martha bei uns ein Gartenfest ausrichten lassen. Zu Aennes Abschied kamen Freunde und die Familien zusammen. Volks- und alte Kinderlieder, auch deutsche Gedichte wünschte der scheidende Gast zu hören. Mein Mann gab u.a. die plattdeutschen Verse „De Botterkoken" zum Besten. Denn reichlich stand der frische und leckere Butterkuchen von Engelbrecht, dem dereinst kleinen Bäckerladen in ihrer Kindheit, vor den beiden „Geestemünder Deerns" auf dem Tisch. „Ich sehne mich nun nicht mehr nach Florida", hatte Martha an diesem schönen Sommertag erklärt, und Freundin Aenne ergänzte: „Ich fliege beruhigt zurück, denn du hast die natürlichste Art und Weise für einen Lebensabend in deiner Familie gefunden!"

Marthas 80. Geburtstag wurde zu einem besonderen Fest. Wir feierten mit 27 Personen im Marschenhaus in Speckenbüttel. Ein schöner Rahmen, eine fröhliche Gesellschaft, ein festliches Essen und eine glückliche Martha.

1. Juli 1986: Marthas 80. Geburtstag

Zu Marthas Ehrentag hielt mein Mann die Ansprache.

Liebe Martha, liebe Verwandte und Freunde! Vor einigen Tagen wurde am Deich vor der Kaiserschleuse das Auswandererdenkmal enthüllt. Wir kennen es inzwischen alle: Eine Auswandererfamilie auf hohem Sockel, der Mann und Vater mit Mut und Zuversicht den Blick in die Zukunft gerichtet, die Frau und junge Mutter, besorgt um ihr Jüngstes, ihren Blick noch mit der Heimat verbunden. Ein Denkmal, sicherlich voller Symbolkraft, an der Küste des ehemals größten deutschen Auswandererhafens.
Mir persönlich bedeutet ein schlichteres Denkmal mehr. Einige hundert Meter weiter, in der ehemaligen Einfahrt zum Neuen Hafen, steht auf einem steinernen Würfel ein Poller, von dem aus eine Kette in die Weser reicht, dort, wo der Fluss das Festland verlässt und ins offene Meer mündet.
Die Kette bedeutet ein Symbol für die Verbundenheit Bremerhavens mit den USA.
Liebe Martha! Du wandertest vor 63 Jahren nicht mit einer Familie aus, sondern fuhrst hinüber in die Neue Welt, ganz allein auf dich gestellt, aber mit dem Herzen an einer Kette, die dich mit deiner Familie in Geestemünde verband, deiner Familie, der du mit deiner Arbeit in Amerika helfen wolltest und geholfen hast.
Dein Leben drüben war nicht immer ein Honigschlecken: Börsenkrach 1929, Hitlers Einmarsch in die Tschechoslowakei, als die Kunden eures Geschäftes im Tschechenviertel euch davonliefen, die lange Krankheit deines Mannes und immer wieder neue Aufbauarbeit. Sie zehrten sicher an deinen Kräften, brachten dich aber nicht um. So konntest du vor zwanzig Jahren noch mit Freuden einen neuen Lebensabschnitt beginnen, der, wie wir es sehen, wohl zu den glücklichsten deines Lebens zählt: der Dienst in der Familie Adams.

Marthas Geburtstagsfeier im Marschenhaus in Speckenbüttel

Das Marschenhaus

Hier warst du nicht nur die umsichtige Leiterin des großen Haushaltes, sondern wurdest bald die Gesprächspartnerin für die Sorgen des Chefs und Teilhaberin an Freud und Leid der Hausherrin und somit eine Person, die aus dem Leben des Seniorenpaares nicht mehr wegzudenken war und damit zu einer geachteten, respektierten Persönlichkeit der Adams-Familie wurdest. Dieser Respekt vor dir war bald und ist noch mit einer Anhänglichkeit verbunden, die wir bei Besuchen der Adams-Familie in den USA immer wieder erfuhren. Sie besteht weiter in Briefverkehr und Telefonaten mit dieser Familie, und ich erinnere an den kürzlichen Besuch der Enkelkinder von Mrs. und Mr. Adams und an den baldigen Besuch des jetzigen Familienchefs Bob mit seiner Frau.

Liebe Gäste! Unsere Martha erwarb sich darüber hinaus viele Freunde in den Staaten. Einige lernten wir in den USA kennen. Eine besondere Freude ist es für dich, liebe Martha, dass deine langjährige Freundin Aenne aus Florida unter uns weilt. Beide, Aenne aus Geestemünde und Meta aus Wiemsdorf, wohnen nun auch bald 60 Jahre drüben. Beide möchte ich auch besonders begrüßen, ebenso unsere gemeinsamen amerikanischen Freunde aus der Fröbelstraße, Mr. und Mrs. Shilds.

Liebe Martha! Du siehst, die Kette der Verbundenheit zwischen uns und den USA ragt zurecht ins Wasser. Und nun hat sie dich wieder in die alte Heimat gezogen, von der dieses schöne Bauernhaus, in dem wir heute feiern, auch ein Stück bedeutet. Unter seinem warmen Reitdach fühlte sich einst die Familie des Bauern mit ihrer Habe geborgen. Und wir wünschen, dass du dich unter dem Dach der Familie in Bremerhaven noch viele Jahre ebenso geborgen fühlst.

Dear Hanna & Willy,

I have sent copies of all the photos of Martha that we were able to find. I love the ones of Martha with our youngest daughter, Cindy. I think this might have been the year Martha began to work for my parents. I was already living in Massachusetts, so I only saw Martha on visits to my folks or when they celebrated Christmas with us in Marblehead.

I look forward to seeing your final biography of Martha. Thank you again for the pre-publishing pages.

All our family, except for Cindy, who still lives in California, will be with us this Christmas. Our five grandchildren are now 13 years down to 3 years. What fun to see Christmas through the eyes of children.

We hope to go to our condominium (beach cottage) on Captiva Island, Florida in February, but it may not be ready. Hurricane Charley caused some damage and it is taking a long time to fix. There is a storage of supplies and workmen.

Please give our best to Kathie Groth and her family.

Merry Christmas
and
Happy New Year

Happy Holidays!
and best wishes to
all your family in 2005

Fondly,
Marge + Knight

Weihnachten 1986:
Post für Bee-Bee.
Tigger, Barney, Peri und Piper,
die amerikanische Schnauzernachzucht

Schnauzer Bee-Bee zufrieden nach einem Spaziergang

Mit großer Hingabe versuchten meine Schwester Käthe und Nichte Ute, der unter ständiger ärztlicher Betreuung lebenden Martha diesen Lebensabend so wohltuend wie möglich zu machen. Sie war eine duldsame und auf ihre Art heitere Patientin, der das Wohlergehen ihres kleinen Hundes mehr am Herzen lag als das eigene. Längst hatte ich meiner Schwester versprochen, den kleinen Schnauzer später einmal zu übernehmen. Zunächst kam er mit, wenn Martha die Donnerstage in unserem Hause verlebte. Dann nämlich hatte Schwester Käthe ihren freien Tag. Sehr zu Marthas Vergnügen kam unsere junge amerikanische Nachbarin Beverly Shilds oft zu einer Kaffeestunde herüber. Zur Runde gesellte sich der ebenfalls in der Fröbelstraße wohnende Deutschamerikaner Herr Lukas. Als Schiffsingenieur beim Norddeutschen Lloyd war er über die Meere gefahren, hatte lange Jahre in den USA gelebt und war zurückgekehrt. Der fast Neunzigjährige, noch äußerst rüstig, unterhielt Martha mit Storys über Amerika und nutzte die Gunst der Stunde, um der Zuhörerin den Hof zu machen. Frohsinn pur war angesagt. Ich konnte getrost die beiden Heimgekehrten allein lassen und mit dem Hund Bee-Bee spazieren gehen.

Beverly Shilds und Herr Lukas, die neuen Nachbarn

In diesem Jahr feierte Martha erstmals wieder Weihnachten in Deutschland. Siebenunddreißig Jahre waren vergangen, seit sie den Monat Dezember hilfreich am Krankenbett der Mutter durchlebt hatte (1949). An diesen Festtagen 1986 liefen viele Telefonanrufe zwischen den amerikanischen Freundschaften und Martha. Doch auch an bunter Überseepost fehlte es nicht. Selbst Bee-Bee erhielt ein munteres Foto von seiner Schnauzer-Nachzucht. Marge Alexander war die Absenderin.

Marthas Adams-Enkelkinder Cindy, Geoffrey und Beth

Die Adams'-Enkel kommen

Im Sommer 1987 meldeten sich Marges Töchter Beth und Cindy für einen Besuch bei Martha an. Das bedeutete eine ganz große Freude. Auch sie wollten, wie ihr Bruder Geoffrey, eine Rucksackreise durch Deutschland unternehmen, hatten aber vor, Marthas 81. Geburtstag am 1. Juli mitzufeiern.
Die jungen Amerikanerinnen wohnten bei uns. Vorher hatte meine Schwester sich die Zimmer für den Besuch zeigen lassen, um zu sehen, ob für ihre geliebten „Adams-Enkelkinder" alles in bester Ordnung sei. Beth und Cindy waren begeistert von, wie sie es nannten, unserem „kleinen Museum" und dem bunten Sommergarten. Eine glückliche Martha erlebten sie bei den gemeinsamen Mahlzeiten in Käthes Haus.

Marthas Grab auf dem Bremerhavener Friedhof

Unerwarterter Abschied von Martha

Der damalige Besuch aus Massachusetts erscheint mir wie ein Geschenk des Schicksals. Martha starb ganz plötzlich kurz nach ihrem 81. Geburtstag.
In der Nacht zum 3. Juli war sie an der Seite ihrer Schwester Käthe für immer eingeschlafen. Ein Tod, wie man ihn sich wünschen möchte, aber uns allen in der Familie tat dieser unerwartete Abschied sehr weh.
Auf dem Bremerhavener Friedhof haben wir von Martha Abschied genommen. Ihr Grab befindet sich nur einige Minuten von der Ruhestätte meiner Mutter entfernt, und nur zehn Schritte sind zu gehen zum Grabmal meiner 1999 verstorbenen Schwester Käthe.

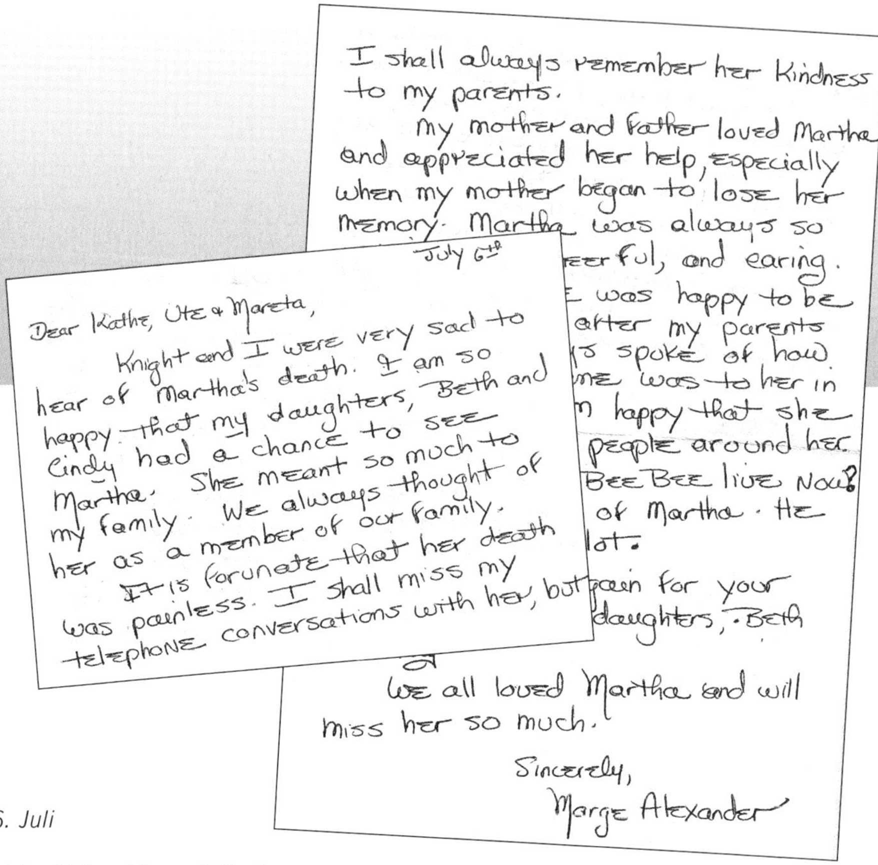

July 6th

Dear Käthe, Ute & Mareta,

Knight and I were very sad to hear of Martha's death. I am so happy that my daughters, Beth and Cindy had a chance to see Martha. She meant so much to my family. We always thought of her as a member of our family. It is forunate that her death was painless. I shall miss my telephone conversations with her, but

I shall always remember her kindness to my parents.

My mother and father loved Martha and appreciated her help, especially when my mother began to lose her memory. Martha was always so
eerful, and caring.
e was happy to be
after my parents
s spoke of how
ne was to her in
n happy that she
people around her.
Bee Bee live now?
of Martha. He
lot.
pain for your
daughters, Beth

We all loved Martha and will miss her so much.

Sincerely,
Marge Alexander

6. Juli

Liebe Käthe, Ute und Marita

Knight und ich waren sehr traurig, von Marthas Tod zu hören. Ich bin so glücklich, dass meine Töchter Beth und Cindy die Gelegenheit hatten, Martha in Bremerhaven zu besuchen. Sie bedeutete soviel für meine Familie. Wir denken immer an sie wie an ein Glied unserer Familie. Glücklicherweise war ihr Tod schmerzlos. Ich werde meine Telefongespräche mit ihr vermissen. Ich werde immer an ihre Güte zu meinen Eltern denken. Mutter und Vater liebten Martha und schätzten ihre Hilfe, besonders als Mutter begann, ihr Gedächtnis zu verlieren. Martha war immer so geduldig, fröhlich und fürsorglich.
Ich weiß, sie war glücklich, nach dem Tode meiner Eltern mit ihrer Familie zusammen zu sein. Sie sprach immer davon, wie wundervoll jeder in Deutschland zu ihr war. Ich bin glücklich, dass sie so nette Menschen um sich hat. Wo wird Bee-Bee jetzt bleiben? Er hing so an Martha. Er wird sie sehr vermissen. Ich danke Euch nochmals, dass Ihr so gastfreundlich zu meinen Töchtern Beth und Cindy wart.
Wir alle liebten Martha. Sie wird uns sehr fehlen.

Herzlichst
Marge Alexander

Nur eineinhalb Jahre hatten wir Zeit gehabt, um etwas von dem zurückzugeben, was Martha fast ein Leben lang in selbstloser Güte ihrer Familie schenkte.

Sie hatte nach der Rückkehr in die alte Heimat unsere tiefe Zuneigung gespürt, Hilfsbereitschaft erfahren, das Nahesein vertrauter Menschen dankbar angenommen. Sie war fröhlich im Kreise ihrer großen „Sippe“ und zufrieden, wenn der Hund Bee-Bee bei ihr im Sessel saß. Eine unkomplizierte Schwester, auf eine stille Art selbstbewusst und von großer Ausstrahlung. Nie hatte ich sie über ihre Krankheit klagen gehört, denn in der selbstlosen Fürsorge meiner Schwester Käthe und deren Tochter Ute fühlte Martha sich geborgen. Sie war am Abend ihres Lebens nie alleine.

Beileidskarten der Freunde aus Amerika erreichten uns und zeigten, wie stark die innere Verbindung zu Martha geblieben war. „Wo ist Bee-Bee jetzt?“ schrieb Marge Alexander. Seit Marthas Tod lebte der Hund bei uns, hier hatte er den Garten und viel Auslauf. Alle Kinder unserer Straße liebten den „neuen Nachbarn“. Häufig klingelten sie an der Tür: „Kommt Bee-Bee raus?“ Er war ein liebenswerter kleiner ausgewanderter Amerikaner, der seinen Lebensabend in einem deutschen Siedlungshaus verbrachte.

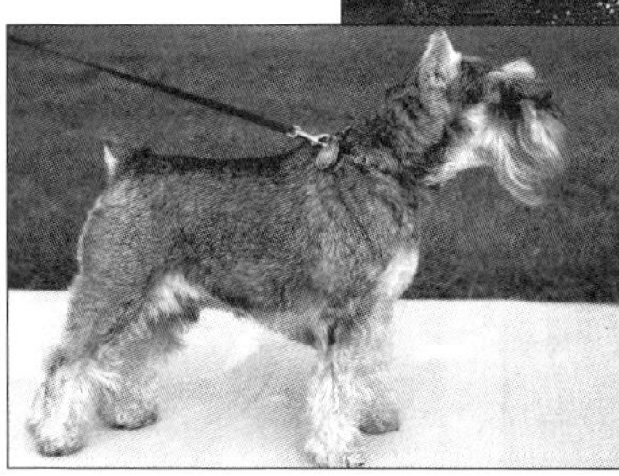

„Bee-Bee“ – glücklich mit den Kindern unserer Nachbarn, Katrin und Maren

Benutzte Literatur

Atlantis Verlag AG. Zürich: Deutschland, 1951

Beckmann, Werner:
Die Reedereien der Hochsee- und Heringsfischerei in Bremerhaven, 2003

C. H. Beck-Verlag: Der ewige Brunnen, 1959

Franck, Dieter: Die Welt der Jahrhundertmitte, 1991

Gabcke, Harry: 150 Jahre Bremerhaven, 1977

Gabcke, Harry u.a.:
Bremerhaven in zwei Jahrhunderten, Bd. I, II und III, 1989/91/92

Gabcke, Harry / Gabcke, Renate / Körtge, Herbert:
Bremerhaven – früher, gestern und heute, 1998

Kindel, Sigrid: Bremerhaven und Umgebung, 1991

Rehm, Arnold: Schiff und See, 1971

Scheper, Burchard: Bremerhaven, so wie es war, 1991

Shirer, William: Aufstieg und Fall des Dritten Reiches, 2000

Schulz, Karin: Hoffnung Amerika, 1974

Schwarzwälder, Herbert: Das Ende an der Unterweser, 1974

Herzlichen Dank ...

... meinem Mann,
der das handgeschriebene Manuskript mit dem Computer ins Reine übertrug,
Korrektur las und mit vielen Vorschlägen dieses Buch bereicherte

... für die Anregungen und das Bildmaterial:

Gisela Albers, Dr. Bickelmann, Ursi Diers, Dr. Peter Dittrich,
Harald Eberspächer, Renate Gabcke, Brigitte Grahn, Ute Groth,
Uwe Groth, Wilhelm Körner, Agnes Körtge, Othmar Lemke,
Harry Neujahr, Eberhard Nölke, Marita Palm, Hartmut Seidack, Ilsemarie
Sturk, Martin Stürcken, Günter Tegeder, Günter Thomas und Erika Truscheit

... für finanzielle Unterstützung ohne die die Veröffentlichung dieses Buches
nicht möglich gewesen wäre:

Herrn Eddy Lübbert,
der Kreissparkasse Wesermünde-Hadeln,
dem Kulturamt der Stadt Bremerhaven
und
der Lloyd Werft Bremerhaven

Geschwister
Henriette
Mathilde
Hinrich
Friedrich

✶ 1879 Maria Hüner, geb. Tegeder † 1949

De

✶ 1906 Martha* Seegers, geb. Hüner † 1987
⚭
✶ 1889 Willy* Seegers † 1962

✶ 1907 Walter Hüner † 1915

✶ 1909 Lieselotte Hüner † 1915

Familie Adams
Gordon Adams ⚭ Christine Adams
Kinder
Robert (Bob) ⚭ They
2 Töchter
Marge ⚭ Knight Alexander
Kinder
Elisabeth Geoffrey Cindy

1900 1910 1920 1930 1940